O VISITANTE

(O caminho para Anu Tea)

Livros de Trigueirinho

1987

- NOSSA VIDA NOS SONHOS
- A ENERGIA DOS RAIOS EM NOSSA VIDA

1988

- DO IRREAL AO REAL
- HORA DE CRESCER INTERIORMENTE
  O Mito de Hércules Hoje
- A MORTE SEM MEDO E SEM CULPA
- CAMINHOS PARA A CURA INTERIOR

1989

- ERKS — *Mundo Interno*
- MIZ TLI TLAN — *Um Mundo que Desperta*
- AURORA — *Essência Cósmica Curadora*
- SINAIS DE CONTATO
- O NOVO COMEÇO DO MUNDO
- A QUINTA RAÇA
- PADRÕES DE CONDUTA PARA A NOVA HUMANIDADE
- NOVOS SINAIS DE CONTATO
- OS JARDINEIROS DO ESPAÇO

1990

- A BUSCA DA SÍNTESE
- A NAVE DE NOÉ
- TEMPO DE RETIRO E TEMPO DE VIGÍLIA

1991

- PORTAS DO COSMOS
- ENCONTRO INTERNO (*A Consciência-Nave*)
- A HORA DO RESGATE
- O LIVRO DOS SINAIS
- MIRNA JAD — *Santuário Interior*
- AS CHAVES DE OURO

1992

- DAS LUTAS À PAZ
- A MORADA DOS ELÍSIOS (1992-1995)
- HORA DE CURAR (*A Existência Oculta*)
- O RESSURGIMENTO DE FÁTIMA (*Lis*)
- HISTÓRIA ESCRITA NOS ESPELHOS
  Princípios de Comunicação Cósmica
- PASSOS ATUAIS
- VIAGEM POR MUNDOS SUTIS
- SEGREDOS DESVELADOS (*Iberah e Anu Tea*)
- A CRIAÇÃO (*Nos Caminhos da Energia*)
- O MISTÉRIO DA CRUZ NA ATUAL TRANSIÇÃO PLANETÁRIA
- O NASCIMENTO DA HUMANIDADE FUTURA

1993

- AOS QUE DESPERTAM
- PAZ INTERNA EM TEMPOS CRÍTICOS
- A FORMAÇÃO DE CURADORES
- PROFECIAS AOS QUE NÃO TEMEM DIZER SIM
- A VOZ DE AMHAJ
- O VISITANTE – *O Caminho para Anu Tea*
- A CURA DA HUMANIDADE
- OS NÚMEROS E A VIDA – *Uma nova compreensão da simbologia oculta nos números*
- NISKALKAT – *Uma mensagem para os tempos de emergência*
- ENCONTROS COM A PAZ
- NOVOS ORÁCULOS
- UM NOVO IMPULSO ASTROLÓGICO

1994

- CONFINS DO UNIVERSO – *Novas revelações sobre ciência oculta* (em preparo)
- BASES DO MUNDO ARDENTE
  Indicações para contato com os mundos suprafísicos)
- CONTATOS COM UM MONASTÉRIO INTRATERRENO
- OS OCEANOS TÊM OUVIDOS
- A TRAJETÓRIA DO FOGO
- GLOSSÁRIO ESOTÉRICO

1995

- A LUZ DENTRO DE TI

1996

- PORTAL PARA UM REINO
- ALÉM DO CARMA

1997

- NÃO ESTAMOS SÓS
- VENTOS DO ESPÍRITO
- O ENCONTRO DO TEMPLO
- A PAZ EXISTE

1998

- CAMINHO SEM SOMBRAS
- MENSAGENS PARA UMA VIDA DE HARMONIA

1999

- TOQUE DIVINO
- AROMAS DO ESPAÇO
- NOVA VIDA BATE À PORTA
- MAIS LUZ NO HORIZONTE
- O CAMPANÁRIO CÓSMICO
- NADA NOS FALTA
- SAGRADOS MISTÉRIOS
- ILHAS DE SALVAÇÃO

2003

- UM CHAMADO ESPECIAL
  (*publicado originalmente em inglês com o título* CALLING HUMANITY)

2004

- ÉS VIAJANTE CÓSMICO
- IMPULSOS

2006

- TRABALHO ESPIRITUAL COM A MENTE

Publicados em português pela EDITORA PENSAMENTO, São Paulo/SP, Brasil; em espanhol pela EDITORIAL KIER, Buenos Aires, Argentina. Alguns livros do autor estão sendo editados em inglês pela ASSOCIAÇÃO IRDIN EDITORA, Carmo da Cachoeira/MG, Brasil, e em francês pela LES ÉDITIONS VESICA PISCIS, Granada, Espanha.

Trigueirinho

O VISITANTE

(O caminho para Anu Tea)

Editora
Pensamento
SÃO PAULO

Os recursos gerados pelos direitos
autorais de todos os livros de Trigueirinho
são revertidos na manutenção de centros espirituais
que não se vinculam a instituições, organizações,
seitas ou entidades de qualquer tipo.

O primeiro número a esquerda indica a edição, ou reedição, desta obra. A primeira dezena à direita indica o ano em que esta edição, ou reedição, foi publicada.

Edição	Ano
4-5-6-7-8-9	09-10-11-12-13-14

EDITORA PENSAMENTO-CULTRIX LTDA.
Rua Dr. Mário Vicente, 368 – CEP 04270-000 – São Paulo/SP
Fone: (11) 2066-9000 – Fax: (11) 2066-9008
E-MAIL: pensamento@cultrix.com.br
http://www.pensamento-cultrix.com.br

Impressão e acabamento: *Orgrafic Gráfica e Editora*

"Sou Eu, não temais."

(João, 6, 20)

Sumário

Parte I
Aproximação ao mundo interno

Parte II

Vida supranatural

Parte III

O despontar da nova instrução

Prólogo

Trataremos nestas páginas do caminho para a vida interior, jornada de todos os que buscam a Origem. Os impulsos enviados pelas energias que a partir dos níveis internos auxiliam esses passos mesclam-se com nossas palavras e percepções, formando uma trajetória que o caminhante interpretará segundo sua própria visão.

Há momentos em que a Fonte jorra na superfície, vindo ao encontro dos que a buscam. Há outros em que eles têm de escavar fundo e muito procurar para alcançá-la. Os motivos disso são para eles inescrutáveis, mas estão escritos — e sempre estiveram — nos arquivos dos universos. Possa o ser penetrar essa senda e perceber, em seu interior, a Revelação. E que se dirija, decidido, ao seu destino.

É da simplicidade que vem a inspiração para penetrar o mistério desse trajeto, e ao longo da evolução aprende-se que bagagens atrasam os buscadores ou os impedem de prosseguir. Assim, o desapego, a solidão e a entrega são o que os mantém firmes. Tomam como companheira a essência das estrelas distantes, que silenciosa vive no seu íntimo — e aderem ao chamado que já não podem deixar de ouvir.

Que os leitores se reconheçam neste texto, de modo que ao final dele a história não termine, mas continue a ser-lhes narrada nos mundos que desde sempre os esperam.

Trigueirinho

Parte I

Aproximação ao mundo interno

Hoje é indicado o alinhamento permanente com energias supra-humanas. Obstáculos que fazem deste planeta um ente separado das congregações cósmicas são dissolvidos por essa focalização na realidade. Os signos vibram numa freqüência que ativa o despertar da consciência e esvaece a ilusão.

Diante de evidências

Trinta e uma guerras estão sendo travadas hoje no planeta[1], e inúmeras são as áreas de destruição crônica, tais como as fortemente tomadas por epidemias, as submetidas aos efeitos da ruptura da camada de ozônio, as que estão sob radiação nuclear e as que enfrentam situações de fome aguda, de terrorismo ou de catástrofes parciais, tais como inundações, terremotos e ciclones.

Eximindo-nos de predições, que fugiriam ao objetivo desta obra, podemos todavia afirmar que nos planos internos já teve início a emigração dos espíritos imortais hoje encarnados na Terra — emigração que diz respeito ao seu traslado para outros universos, materiais ou não — e que os sinais disso emergem também no plano físico.

Pesquisas revelam que grandes contingentes humanos almejam deixar seus países, a começar pelas nações mais tradicionais, como por exemplo 49% do povo inglês, segundo os dados colhidos por um instituto internacional. Conforme essas

---

[1] Maio, 1993.

pesquisas, divulgadas pelos meios dos comunicação oficiais, a população britânica deixou de ter confiança nas principais instituições do país: a monarquia, a mídia, a Igreja, o sistema judiciário e o parlamento. Mas, ainda que aparentemente o impulso para essas emigrações sejam os problemas materiais, como a crise econômica, o aumento da criminalidade e sobretudo essa descredibilidade das instituições em geral, ele nada mais é que um reflexo do que se passa nos níveis internos da vida planetária.

Vêem-se, assim, nações desfalecendo antes mesmo de se terem submetido, no plano físico, à purificação por meio das águas que se preparam para cobri-las. E em situação semelhante estão quase todos os seres humanos. Só os que têm sua energia focalizada no centro da própria consciência podem permanecer inabaláveis, prosseguindo harmoniosamente sua vida pelo tempo que lhes resta na superfície terrestre. Estando já irreversivelmente perdido o equilíbrio ecológico e material da vida externa como um todo, a ação mais efetiva, nesta fase já adiantada da transição planetária[2], é esse trabalho na consciência.

O presente livro é dedicado aos *emigrantes*, mas não necessariamente aos que pretendem mudar-se fisicamente, o que em certos casos pode ser uma fuga. Destina-se aos que se preparam, conscientemente ou não, para expansões internas de consciência e para vôos definitivos a níveis intocáveis pela desintegração. Alguns prosseguirão seu processo evolu-

---

[2] **Transição planetária**. Etapa pela qual o planeta está passando e que deve levá-lo a um nível mais elevado de relacionamento com as energias e com a vida cósmica em geral. No decorrer dessa etapa serão equilibrados os envolvimentos cármicos que impedem a humanidade de interagir com leis evolutivas superiores.

tivo em áreas além do âmbito terrestre; outros poderão ser conduzidos, quiçá em seus corpos sutis, às civilizações intraterrenas. Anu Tea, uma dessas civilizações, fala-nos por meio de um dos membros da Hierarquia espiritual em contato interno com seres da superfície.

Alguns adormecidos despertarão.
Serão centenas. E, além da neblina,
começarão a distinguir um portal.
No coração dos que estão conscientes,
o Sol jamais se põe.
A música de um novo tempo ecoa no planeta,
e preenche o interior dos homens firmes.
Traz do cosmos correntes ígneas
que tocam os indecisos,
revelando-lhes a fé.

* * *

Um analista honesto diria que as guerras são insufladas e produzidas pelos serviços de inteligência internacionais, pelas grandes potências político-econômicas da Terra, ou ainda pelas indústrias de armamentos que sustentam materialmente certos políticos e líderes de países superdesenvolvidos. Mas, embora isso seja verdadeiro, seria simplório atribuir apenas a tais circunstâncias o surgimento das guerras. Uma das suas causas fundamentais é a proveniência heterogênea dos habitantes da superfície planetária; grande número de seres penetrou a órbita terrestre juntamente com forças cósmicas antagônicas, obscuras e não resolvidas, que vagavam pelo espaço sideral.

Os indivíduos subjugados por essas forças destrutivas reúnem-se em grupos de afins, que uma vez consolidados se tornam entidades. Há nações que, com o tempo, e dominadas por esses grupos, se transformaram em potentes entidades maléficas, passando a controlar a circulação do dinheiro e dos bens materiais, e a manter a opinião pública voltada para o desfrute, o conforto e a exploração em todos os sentidos.

O eu interior desses indivíduos permanece latente nos níveis profundos da vida, aguardando um novo ciclo de manifestação que lhe permita expressar-se e evoluir; pois esses seres não são guiados pela própria essência interna, como se vê.

Essas forças involutivas tomaram posse de facções desta civilização, principalmente as políticas e as religiosas, além de se introduzirem nos aglomerados industriais onde se concentram os grandes interesses econômicos. Elas hierarquizam-se numa verdadeira pirâmide de valores materialistas, reconhecíveis pela sua negatividade. O ápice dessa pirâmide está ligado a entidades suprafísicas maléficas que, conscientes da própria obra destruidora, manejam os homens terrestres a partir do plano mental. Seus representantes na raça humana de hoje são os cínicos, os criminosos, os corruptos e os corruptores, sem falar dos ambiciosos e vaidosos; todos esses usam para suas metas dispersivas o poder do instinto sexual, o desejo e a ilusão dos menos preparados, dos fracos ou dos enfermos em diferentes graus.

O número de representantes dessas forças aumenta a cada dia, pois elas se disseminam como os vírus epidêmicos. Alguns desses representantes são líderes posicionados em cargos elevados dos ramos da organização social da civilização de superfície. E, finalmente, a humanidade as serve sem perceber, como nos dizeres de Cristo: "... eles não sabem o que fazem"[3]. A maioria desconhece-O e, até mesmo em comunidades ditas cristãs, iludida, presta culto a essas forças escusas acreditando a Ele se dirigir.

Populações inteiras são controladas por entidades obscuras alojadas desde o nível físico até o mental planetário, e a maior parte dos indivíduos que as compõem torna-se, neste ciclo, irrecuperável para a evolução superior. Só depois de uma desintegração de suas estruturas externas e do reinício de um novo processo evolutivo em níveis de existência primordiais é que a essência interna desses indivíduos, sua mônada[4], poderá reencontrar seu próprio centro de pureza, pois puro é o centro profundo de todos, mesmo dos que se "perdem".

Portanto, a etapa que ora se anuncia é da maior importância evolutiva, e mais do que nunca é necessário que cada um de nós expresse padrões de conduta coerentes com o que o próprio interior já lhe revelou acerca da vida espiritual.

Todo esse processo de degradação da civilização terrestre foi-se implantando no decorrer de longo tempo, para chegar ao auge nos dias atuais. Enquanto isso, todavia, importantes núcleos positivos foram-se manifestando na consciência de alguns seres, pois nem todos se deixaram levar pelas correntes involutivas. Novas energias trabalharam ocultamente não só em indivíduos isolados, mas também em grupos e no âmago do próprio planeta, a fim de ampliar-lhes a *visão* e a consciência. No reino humano, estimularam a impessoalidade e, entre outras coisas, o contato da mente com

---

[3] Lucas, 23, 34.

[4] **Mônada**. Partícula imortal do ser, também denominada espírito. É um núcleo de consciência que habita níveis cósmicos.

níveis intuitivos e espirituais — o que foi conseguido em certa proporção nos seres resgatáveis[5].

A fase em vigor é muito especial para a Terra e caracteriza-se por um período de lutas intensas, mas também de impulsos de redenção e libertação. Os principais centros intraterrenos deram-se a conhecer[6], ampliando as perspectivas do homem. Indivíduos firmaram vínculos com a Hierarquia interna planetária, e o mundo imaterial e o extraplanetário aproximaram-se consideravelmente da consciência de uma parte desta humanidade.

Esse desenvolvimento visa, atualmente, à preparação dos seres para o serviço universal, serviço que tem como um dos seus mais importantes objetivos a elevação da vida material. Assim, o que hoje se pede aos grupos evolutivos de serviço é principalmente a divinização da vida, eximindo-se esses grupos, voluntariamente, de pactuar com os padrões vigentes nesta civilização deteriorada e em via de ser dissolvida pelas energias da purificação. É fundamental que fique explícita nesta humanidade a união com mundos sublimes, pois isso pode abrir-lhe caminhos para evoluções futuras.

Estamos em uma fase de estímulo à evolução grupal. Por isso, a divinização da vida está sendo proposta não apenas para indivíduos, mas também para grupos que, antes de

---

5 **Seres Resgatáveis**. Seres capazes de responder positivamente ao estímulo ascensional trazido pelas leis evolutivas que ingressam na órbita da Terra. Esses seres não terão os seus núcleos internos afetados pela destruição que ocorrerá na transição global, e serão retirados da superfície planetária com esses núcleos ilesos.

6 Erks e Aurora chegaram a expressar-se no plano físico, com a participação do homem de superfície. Vide ERKS - *Mundo Interno*, e AURORA - *Essência Cósmica Curadora*, do mesmo autor, Editora Pensamento.

tudo, são chamados a semear uma nova consciência. Essa convocação chega silenciosamente ao íntimo de cada ser, por intermédio dos seus núcleos internos, e a resposta que ela evoca é, muitas vezes, secreta e desconhecida da mente racional. As ampliações de consciência nesta etapa em que se agrava o estado de caos externo ocorrem predominantemente em níveis profundos, incólumes às forças da destruição. Para se passar por essas expansões é necessário, mais do que nunca, gratidão pelo que a energia monádica apresenta como impulso revigorador e como luz.

A consciência da unidade é um atributo da vida cósmica, que hoje tenta aproximar-se dos seres humanos terrestres. Assim, a formação de um verdadeiro grupo de serviço é considerada oportuna e atual, pois, num grupo que assume tarefas de cunho evolutivo, uma infinidade de sons inter-relacionam-se, afinam-se e harmonizam-se, constituindo uma só sinfonia ao consumar-se a obra. Por isso, é preciso reconhecer a essência divina que todos trazem em seus níveis internos, conhecê-la em si próprio e, assim, gradualmente, perceber-se como parte do Infinito.

Essa é a senda a ser percorrida, com as ajudas hoje disponíveis.

Quem é o visitante

Após uma noite de sono profundo, despertei com a impressão de que, apesar de sua situação externa, as pessoas estão internamente preparadas para assumir serviços altruístas mais amplos, tanto internos, nos planos sutis da vida, quanto externos, no mundo material. Essa impressão dizia respeito à parcela da humanidade que se abriu às transformações pelas quais a Terra está passando e que alcançou ampliações de consciência que contribuem para essas mudanças profundas na realidade planetária.

A vida, em todos os âmbitos, transformou-se em um "instrutor" de grande sabedoria, embora isso nem sempre seja bem compreendido. Para quem está aberto a acolher suas lições, ela vem acelerando o ritmo dos ensinamentos, como se não houvesse tempo a perder. Seja em locais de pureza magnética preservada, seja em grandes cidades, não importa onde, ela está se empenhando em fornecer as máximas oportunidades para que cada indivíduo cresça em consciência.

Já totalmente desperto, após o sono profundo ao qual me referi, comecei a dar-me conta de que tivera um encontro interno, talvez em algum nível de consciência próximo aos percebidos pela mente, aquém do centro onde nada se pode ver ou ouvir. Esse encontro foi com *algo* cuja vibração não identifiquei de imediato. Percebia-o como uma espécie de corrente elétrica que ao passar transformava os vários níveis do meu ser, e que permanecia atuando mesmo eu estando bem acordado.

O grande instrutor, que é a vida onisciente, enviara-me um representante, ou um prolongamento seu, na forma de um ser que não é da superfície da Terra. Incorpóreo, manifestava-se por meio de impressões e por sua presença interna. Nesse encontro, transmitia uma mensagem como se esta fora a própria instrução que nos é dada pela vida. Após um contato mais freqüente com a sua energia, pude reconhecer finalmente nesse visitante uma consciência que habita níveis internos da Terra. Darei a ela aqui o nome de Nicolás; porém, tendo claro que se trata de uma expressão sem designações e impossível de ser compreendida completamente.

Referindo-se à vida que será manifestada por alguns homens numa próxima etapa planetária, a consciência-visitante qualifica-a de modo diferente do que normalmente a imaginamos, e apresenta os caminhos para ela de maneira clara e direta.

Será essa vida expressa na superfície ou em algum mundo interno deste planeta? Essa aproximação de Nicolás trazia bases para a preparação do que será a vida terrestre após certas ampliações de consciência e a purificação global. Sua irradiação antecipava o próximo estágio evolutivo de uma parcela da humanidade, em alguma civilização futura, não importa onde venha a florescer.

Que se sabe verdadeiramente dessa civilização futura? Qual será o liame entre o que é ainda desconhecido para o homem da superfície e a sua vida atual? Até que ponto certas profecias sobre os novos contatos com seres de nível de consciência superior já se realizaram? Até que ponto elas foram apenas indicações para que o homem se preparasse para estágios vindouros, na Terra ou alhures? Embora tenhamos algumas respostas a essas perguntas, parte do mistério continua insondável.

As profecias referem-se a uma reabilitação da humanidade terrestre e à fase crítica que a precederia em todas as áreas físicas e sutis da superfície do planeta[1]. Embora certos fatos ainda estejam para ser consumados, sabe-se que, em grande parte, o que foi anunciado está em ato. É impossível compreender o *tempo-calendário* das profecias, pois elas não obedecem à ordem cronológica, ou seja, referem-se a realidades que transcorrem segundo leis superiores às que regem o tempo material. Portanto, falam diretamente aos que se abrem à ação de energias transformadoras. Os demais as vêem como superstições ou consideram-nas advertências vazias. Deixam-nas perdurar em sua memória apenas enquanto, movidos pela curiosidade, procuram informar-se sobre os acontecimentos externos que se esperam.

As profecias anunciam, por exemplo, que o homem transcenderá o seu atual estágio de identificação com a mente e as emoções, e que se tornará intuitivo. Isso já está ocorrendo em muitos seres nesta época, e por isso não precisamos apresentar um tema como o deste livro sob as vestes de uma história de ficção, como faziam em épocas passadas alguns escritores como Júlio Verne ao se referirem à vida interna. Pode-se falar hoje sobre o inusitado e o ainda desconhecido

---

1 Vide PROFECIAS AOS QUE NÃO TEMEM DIZER SIM, do mesmo autor, Editora Pensamento.

com a mesma naturalidade com que se trata de coisas rotineiras.

* * *

Essa energia autoconsciente que estamos denominando Nicolás acompanhou-me por um período de experiência interior. Desde aquela manhã, após o contato com ela, fazia-se presente mesmo enquanto eu realizava tarefas cotidianas, levando-me a perceber, mais que nunca, que a vida é realmente um grande instrutor.

Na época atual, os indivíduos estão diante de oportunidades ímpares: se forem inseguros, a vida ensina-lhes a crescer em fé; se autoritários, a vida leva-os a desenvolver a humildade; se guardam remorsos, a vida mostra-lhes a sublimidade do perdão; se forem inconstantes, a vida indica-lhes a paz da eternidade; se ambiciosos, a vida dá-lhes em gotas minúsculas o que poderiam receber em torrentes, para que aprendam a encontrar no pequeno a essência do Infinito.

Segundo Nicolás, enquanto o ser não se entrega ao centro interno da própria consciência, sua existência é repleta de conflitos. Todavia, quando compreende isso e se rende a esse centro, que é a própria fonte da paz, com que mais terá de se debater? Eis o ponto que deve ficar claro, pois nem todos se liberaram desses conflitos, embora já tenham compreendido e vivido experiências esclarecedoras nesse sentido.

Existem diferentes graus de luta: inicialmente o indivíduo a trava pela realização dos seus desejos e planos pessoais, geralmente tão obscuros que nem são examinadas as conseqüências negativas que possam provocar nos demais seres.

Outro grau de luta surge quando o indivíduo começa a

ser tocado pela vida interior, pois a energia transformadora já encontra espaço para levá-lo à depuração de certos aspectos do ego. Nessa fase, normalmente o combate é travado nos níveis densos, pelas resistências pessoais à evolução — porém, a consciência ainda tende mais a aderir às limitações impostas pela matéria do que a se entregar ao novo.

No estágio seguinte, uma maior parte do indivíduo está integrada à corrente evolutiva ascendente, e ele dedica-se a transcender suas resistências. Já não se opõe tanto às transformações, não se queixa do que lhe é trazido, nem alimenta considerações sobre as possibilidades de estar em outra situação. Assume seu potencial de trabalho e realiza o que lhe é indicado.

Finalmente, chega a um estágio no qual dentro dele não existe mais luta alguma, e é nesse ponto que está selada a sua união com a Hierarquia. Está pronto para assumir tarefas maiores e pode ser uma luz mais intensa na noite terrena.

Mas que vem a ser a Hierarquia?

Essa foi uma pergunta que emergiu no meu ser, e que Nicolás amorosamente acolheu. Estava clara, em minha mente, a informação de que uma Hierarquia é um conjunto de consciências que, a partir de níveis profundos, conduz a vida planetária à consecução do seu propósito espiritual — informação manifestada pelo mesmo grupo interno que nos auxilia nesta fase, e com o qual Nicolás tem íntima ligação.

Aprofundando essa idéia, Nicolás revelou-me, sem palavras, que a realidade está gravada no éter, e que os construtores desse éter imprimem nele padrões energéticos que podem ser captados por mais de um indivíduo. Assim sendo, do ponto de vista da Hierarquia, nenhuma obra tem autores; existem, isso sim, seres supraconscientes que transmitem os impulsos necessários a partir de níveis sutis do cosmos infinito, indicando o que deve ser compreendido, manifestado ou simplesmente criado na vida do universo, enquanto outros captam esses impulsos, de cujos desígnios são instrumentos de materialização.

Enquanto essas impressões me chegavam, percebi que meu ser estava cada vez mais integrado à energia irradiada por Nicolás. Quanto a Anu Tea, civilização que ele representa nestes escritos, evidenciava-se incondicionalmente aberta às aspirações de muitos seres desta humanidade. Não deveria mais haver, para o homem, barreiras entre a sua vida externa, de desperto, e a energia supramental — conforme atesta a experiência de escrever este livro, que traz a mensagem pura de Anu Tea, mesclada com nossas próprias palavras.

A transmissão de informações

Revelações sobre a vida oculta da Terra e do cosmos, seus centros internos, suas civilizações, os fogos ou energias que vivificam os diversos níveis da existência, não têm como objetivo acrescentar dados ao acervo de conhecimentos mentais da humanidade. São na verdade impulsos que abrem caminhos para a consciência e preparam os corpos materiais dos indivíduos para receber estímulos mais potentes e adequados ao surgimento dos padrões energéticos da fase que se anuncia para este planeta.

A Hierarquia encarregada da instrução da humanidade lida hoje com a consciência a partir dos níveis sutis e imateriais. Não trabalha diretamente com o nível mental do ser humano, mas é um vórtice que atrai toda a existência para patamares sublimes.

Diferente era a situação no passado, em que seres de evolução superior chegaram a encarnar entre os homens de superfície para trazer diretamente ao mundo material vibrações elevadas. Entre eles houve certos faraós das primeiras dinastias, alguns antigos reis e sábios, e outros que permaneceram desconhecidos das massas humanas de sua época e mesmo das posteriores.

Atualmente, uma parte da própria humanidade é que está sendo preparada para assumir a tarefa de elevar a vida material do planeta, formando uma rede de serviço que é prolongamento da Hierarquia nos níveis concretos. Por isso Nicolás está se aproximando da consciência de vários indivíduos, conforme aqui se prenuncia.

A permanente presença de Nicolás fez-me ver que haviam ocorrido contatos anteriores ao que eu pensava ter sido o primeiro. Foram uma preparação para o relacionamento que agora se estabelecia. Anteriormente, havia-me inspirado alguns trabalhos que chegaram a materializar-se, inclusive como livros[1]. Mas, desta vez, estava abertamente empenhado em deixar explícita a proximidade da Hierarquia — embora sem tomar no plano físico a forma de um ser humano, como fizera outrora ao contatar o nosso grupo.

Segundo a Hierarquia, uma das metas a ser cumprida a curto prazo é a implantação de grupos de trabalho que estejam de prontidão, em diferentes pontos do planeta. A função desses grupos é principalmente o serviço, tendo em vista a situação crítica na qual a superfície da Terra está mergulhando. Cada indivíduo que os integra tem como tarefa o aprimoramento de sua própria existência, o que se refletirá na qualidade do serviço que possa prestar nos momentos de caos que se anunciam.

É fundamental a permanente unificação dos membros dessa rede, de modo que os canais de contato, internos e externos, estejam sempre desimpedidos. Quando a necessidade

---

1 Refere-se a AURORA - *Essência Cósmica Curadora*, entre outros, do mesmo autor.

os chamar, que estejam prontos a ir ao encontro dela. A necessidade não é só a de um ser ou uma situação que se apresente próxima. Por isso, é preciso também conhecer o silêncio e a comunhão interna, que são os mais potentes meios de ação, meios que cobrem grandes distâncias, como se sabe.

Nicolás refere-se principalmente a essa ação interior, pois nada se pode fazer de realmente efetivo ou harmonioso na vida concreta sem o esteio ou as bases que se encontram no mundo interno de cada ser.

O reconhecimento de uma necessidade material deve estar acompanhado do amadurecimento espiritual. Já existem, nesta civilização, organizações dedicadas à assistência ao próximo, e nada se acrescentaria à vida planetária se essas novas redes, das quais falamos, se limitassem a desempenhar tarefas práticas. Apesar de muitas das organizações assistenciais deste mundo terem sido constituídas a partir do impulso da Hierarquia, em geral não permaneceram ligadas a ela. Realizam auxílios; porém, por estarem exclusivamente voltadas para aspectos imediatistas, materiais e externos, não se submetem à formação espiritual como é requerida para o serviço ao planeta nos dias de hoje. Além disso, por motivos bem conhecidos, essas organizações terrenas falham nos seus intentos e algumas entregaram-se às forças da corrupção.

Por isso, conjunturas energéticas planetárias e cósmicas não estão vitalizando a formação de grupos mecanicamente treinados para lidar só com as dificuldades materiais destes momentos de caos. O que é preciso hoje é a realização de dois movimentos simultâneos:

- a divinização da vida em cada ser, como processo individual e em consonância com o ponto evolutivo de cada um;

- e, em conseqüência da expressão da vida divina em alguns, a manifestação de um serviço impessoal que supra as necessidades que se apresentem.

A resposta ao chamado interior e a adesão ao serviço desinteressado construirão nos níveis internos da humanidade as bases para que toda ela possa vir a irradiar pureza e paz, na próxima etapa da Terra.

* * *

Havia alguém que, devoto e fervoroso, sempre que dispunha de algum tempo se aquietava e procurava estar em contato com o que percebia ser a divindade. Entretanto, normalmente seus momentos de recolhimento traziam-lhe uma aridez que, comparada aos desertos terrenos, muitos destes podiam parecer campos férteis. Mas certa vez, em lugar da sobriedade que encontrava em suas orações, foi preenchido por uma alegria suave; uma presença envolvia-o e elevava-o, dando-lhe, de modo muito amoroso, verdadeiras instruções.

Via a si mesmo andando por uma estrada campestre. Seu olhar detinha-se em aves que passavam rasteiras e que depois se erguiam a ponto de não mais serem vistas. Sonhava voar como elas ao encontro da luz. E quanto mais sonhava — e, na verdade, ambicionava —, menos conseguia avançar. Cruzou, então, com um peregrino que mostrava notável rapidez no caminhar. Este, reduzindo a ligeireza dos passos, colocou-se lado a lado com ele e disse-lhe: "Mas por que insistes em levar tanta bagagem?". Surpreso, olhou em volta mas não conseguiu ver exatamente aquilo a que se referia o peregrino. Todavia, ciente de que se encontrava diante de um sábio, perguntou-lhe como poderia livrar-se dela. E o peregrino respondeu: "Se quiseres realmente chegar à luz, ama-a com toda a tua vontade. Os raios desse amor aliviarão tuas bagagens, tanto as que vês quanto as que te são invisíveis. Deixa-te esquecer do caminho, e não perceberás quando teus pés já não tocarem o solo."

Nessa experiência reconhecemos, na energia do *peregrino maior*, a consciência a que damos o nome de Nicolás aproximando-se, como se vê, de um buscador da verdadeira vida.

Perspectivas para grupos

Uma vida grupal fundamentada em leis sublimes deve surgir e atingir um estágio em que a evolução não seja buscada como uma realização individual, como ocorre ainda na maioria dos casos. Isso significa que cada ser comungará tão verdadeiramente do processo ascensional dos seus semelhantes, que se tornará capaz de crescer tendo em vista também a evolução deles. Nesse estágio, a competitividade, nociva para a vida grupal, terá sido transcendida. Grande alegria inundará os seres quando estiverem em verdadeira união interna e puderem portanto partilhar as dádivas que advêm dos contatos espirituais.

Três movimentos externos, que já se prenunciam e se estabelecem, caracterizam bem essa fase, que está para ser vivida pelos seres resgatáveis[1] de hoje:

- A formação de redes de serviço torna-se possível devido à disponibilidade de alguns indivíduos para as-

[1] **Seres resgatáveis**: vide na página 18.

sumir o que a mônada ou a Hierarquia lhes inspira. Portanto, essas redes formam-se pela reunião dos mais conscientes, que têm maior abertura para ajudar do que para requerer ajuda.

Nos próximos momentos de caos, essas redes terão uma sagrada tarefa: mitigar o sofrimento e auxiliar muitos seres a fazerem, em harmonia, a passagem para outros mundos ou planos. Todavia, essa ajuda virá também diretamente das naves extraterrestres e intraterrenas coligadas aos comandos da operação-resgate[2] da Terra.

- Novas fases de estudos, que já não se caracterizam pela necessidade de a mente conhecer fatos e realidades supra-humanas, como ocorria no estudo espiritual e esotérico do passado, mas por uma abertura ao trabalho das energias e, de um modo ou de outro, por uma aproximação maior à senda iniciática.

O preparo para as iniciações está sendo realizado na humanidade como um todo. Cada ser está sendo estimulado, dentro das suas máximas possibilidades, a fazer a transição do nível mental para o intuitivo, para o espiritual, ou para níveis ainda mais profundos.

- A renovação dos padrões segundo os quais se cumprem as atribuições externas, trazendo maior amadurecimento e, conseqüentemente, maior contato com nú-

---

[2] **Operação-resgate**. Programa de auxílio à regeneração do estado energético do planeta. Conta, para a sua efetivação, com consciências avançadas, que evoluíram na Terra ou em outros pontos do cosmos. Vide PORTAS DO COSMOS, ENCONTRO INTERNO e A HORA DO RESGATE, do mesmo autor, Editora Pensamento.

cleos internos. Os comandos de resgate[3] têm diferentes tarefas, e os indivíduos encarnados que os auxiliam devem receber instruções diretas da própria mônada ou da Hierarquia à qual estão ligados. Isso traz autonomia ao plano físico e se reflete numa definição mais clara da energia de cada um e dos aspectos profundos das tarefas que lhe cabem.

O serviço, como está sendo aqui descrito, significa bem mais do que a formação de grupos em prontidão para atuar coesa e coordenadamente em momentos de necessidade. As realizações impulsionadas pela Hierarquia têm como meta o desenvolvimento da consciência humana, e procuram dar a cada indivíduo condições para que realmente transcenda o estágio em que se encontra. Por isso, esse serviço fundamenta-se em leis superiores e não na ação material mecânica, sem vínculo com a realidade interna do planeta.

De maneira quase imperceptível, a energia conduz os seres a assumirem tarefas que exigem a transcendência de vários de seus aspectos humanos, tais como os sociais, familiares, religiosos e outros, arraigados nos corpos da personalidade. As redes de serviço em formação contam com potente energia, que traz oportunidades inigualáveis de grupalmente se dissolverem resistências ocultas e de se elevarem os seres que delas participam.

Para que a irradiação da Hierarquia possa permear um ser, é preciso que ele tenha abertura ao desconhecido, simplicidade, persistência, e que não se deixe vencer por obstáculos.

---

[3] **Comandos de resgate**. Núcleos de consciência impulsionadores da realização das metas evolutivas que constituem o propósito da operação-resgate.

Essas redes de serviço devem tornar-se as mãos criadoras da grande consciência que é a Irmandade Cósmica, da qual a Hierarquia planetária é parte.

São seres humanos, ainda com tantas limitações, os que estão sendo convidados a assumir essa tarefa em colaboração com o Plano Evolutivo. Portanto, a consciência de um aspirante ao serviço deve estar aberta a desenvolver-se concomitantemente em dois sentidos: o interno e o externo. Um indivíduo cheio de virtudes, mas que as mantenha ocultas, é inútil para o Plano, e, do mesmo modo, outro que se disponha a assumir tarefas externas descuidado da evolução interior e que, assim, cometerá erros em decorrência da falta de contato com a luz que indica os rumos corretos a serem tomados.

As fases de um trabalho grupal autêntico e evolutivo se sucedem. A manifestação de cada uma delas pode ser plena e completa como energia. É positivo estar atento ao que é indicado. Nos dias de hoje, é trazido aos grupos o impulso à formação de redes de serviço e também o estímulo à interiorização e aos estudos.

A energia das obras sustentadas pela irradiação da Hierarquia leva a grandes ampliações de consciência. Tal é o caso da transmissão dos estímulos que se materializam nestes livros que têm sido veiculados por nós e que são também um processo que passa por evoluções. Dos livros anteriores, que apresentavam realidades intraterrenas e cósmicas como se fossem tentativas de aproximação do homem a elas, passou-se a livros de conteúdo abertamente iniciático, tendo essas realidades como fatos implícitos. Os últimos livros que temos publicado canalizam, pois, impulsos de níveis mais profundos, indicando etapas futuras nas quais a noção de sublimidade da vida intraterrena e extraplanetária não será algo distante, mas uma experiência absorvida pelo ser.

O processo que leva a essas ampliações é denominado caminho iniciático. A energia de livros assim inspirados tem esse caráter de preparação para iniciações e, portanto, estudá-los não deve ter como meta a mera satisfação da necessidade de conhecimento intelectual.

O plano mental terrestre está conturbado, e os estudos grupais evolutivos têm a tarefa de auxiliar na cura desse estado. O meio mais efetivo para isso é a simplificação da mente concreta, dando espaço para que as emanações curativas da mente abstrata[4], do consciente direito[5] e de níveis mais além possam penetrar esse plano.

Está superado o tempo em que as realidades ocultas eram quase legendárias mesmo para os indivíduos conscientes. A vida interior deve ser vista hoje com naturalidade, tendo as leis espirituais como parâmetro. Nesse contexto, os estudos assumem um papel revelador. Se, por exemplo, um livro traz dados sobre raças pretéritas, seus caminhos e descaminhos[6], o objetivo dele é mostrar à consciência as causas de certos fatos que até hoje repercutem na vida humana, e oferecer a clareza de que outras vias podem ser tomadas de ora em diante.

É indicado, também, não macular os estudos de caráter espiritual com a curiosidade. Se as tendências da mente

---

4 **Mente abstrata**. Parcela da consciência que manifesta aspectos intuitivos e é receptiva às energias espirituais.

5 **Consciente direito**. Circuito energético que, ao ser despertado, permite a expansão da consciência do homem e o estabelecimento de conexões cósmicas. O circuito energético do consciente direito está suplantando, em alguns indivíduos, o antigo sistema de chacras. Vide MIZ TLI TLAN - *Um Mundo que Desperta*, do mesmo autor, Editora Pensamento.

6 Refere-se principalmente a SEGREDOS DESVELADOS (*Iberah e Anu Tea)*, do mesmo autor, Editora Pensamento.

analítica puderem ser evitadas num trabalho espiritual, os reflexos desse avanço penetrarão cada vez mais no planeta, aclarando níveis por enquanto conflituosos.

O estudo assim pode ser um instrumento de revelação da sabedoria. Se tem como base obras de cunho espiritual, age com vigor para erguer a vibração da consciência à Fonte que as inspirou. Porém, é útil ter presente que um estudo sem respaldo de uma vida que espelhe leis superiores pouco repercute na trajetória evolutiva do ser.

O estudo, a divinização da vida e o serviço jamais deveriam estar separados. É preciso, a todo custo, reuni-los num só movimento da consciência. Essa unificação é trazida claramente pela mensagem de Anu Tea.

O caminho para Anu Tea

Cada indivíduo e cada grupo a serviço da lei cósmica têm uma tarefa específica a cumprir, e podem vir a constituir um todo harmonioso que permita à humanidade chegar ao estado de consciência que lhe está destinado. Para isso, as singularidades desses seres e desses grupos devem ser reunidas como pétalas para compor flores de rara beleza.

Algumas dessas tarefas dizem respeito à transmutação de forças e energias que circulam na órbita planetária. À medida que seres humanos se dedicam a esse trabalho, liberam a Hierarquia para outros, mais internos e igualmente capitais. Todavia, para que um indivíduo se aproxime das tarefas de transmutação, é preciso que implante em sua existência uma conduta inspirada pelos níveis internos, buscando ser uma pura e transparente manifestação da energia criadora, e assumindo padrões arquetípicos divinos, dos quais a Hierarquia é um referencial hoje acessível.

Obediência ao Plano Evolutivo, silêncio e alegria sempre foram características imprescindíveis aos que seguem a lei cósmica. Sem essas qualidades, as estrelas do céu não brilhariam com tanta beleza. E, por intermédio dos homens, núcleos de poder divino podem manifestar-se sobre a Terra, uma vez que suas sementes estão sendo, desde já, regadas pela devoção, aspiração e serviço. Mas esses núcleos só se darão a conhecer completamente quando certo grau de cristalinidade e de ausência de vínculos materiais se instalar nos que devem servir de canal para a sua manifestação.

O recolhimento é um dos meios de contato com o interior do próprio ser e com o lado oculto da vida. Favorece o encontro da verdadeira união, pois esta existe em níveis além dos materiais e externos. O recolhimento pode também abrir o ser aos impulsos proféticos. Essa via de preparação para estágios superiores torna-se disponível aos homens de superfície quando eles se purificam das ilusões com as quais ainda se confundem.

Um imenso Ser de olhos de fogo derrama ouro líquido sobre o mundo. Quem suportará a temperatura da perfeição? Quem poderá enfrentar de coração aberto seu esplendor?

A noite cobre a Terra. Alguns são mumificados por ela. O ouro líquido é vertido. A mentira ancestral está por um fio. O povo sabe e procura a barca.

A velha Igreja não suporta o ouro líquido, e muitos se perdem ao segui-la. Ao Sul, a barca de Noé navega sobre mar alto. Nada pode fazê-la submergir. Na terra da luz, a nova Igreja é uma semente viva. Ninguém lhe encontra o nome, mas todos assistem a abertura do Novo Portal. Assim, parte do povo chega à Morada com uma nova visão.

Mãos recolhem luzes firmes, e o princípio do mais velho construiu a barca que parte para as estrelas. É a nova consciência. O princípio do mais novo fecundou a Igreja do mundo novo — aquela que não tem nome nem morada na vida dos homens, mas que é verdadeira aos olhos do Grande Conclave.

O excelso Ser entoa o som eterno.

A porta parece alargar-se. Muitos entram. A alegria é infinita. E a Câmara de Sirius envia, no fim, alguns dos que estiveram presentes no princípio.

* * *

A divinização da vida trará o contato intergalático. Portanto, o trabalho de Anu Tea, abrindo novas portas para a humanidade de superfície, não diz respeito somente ao caminho para esse centro intraterreno específico. Por meio da devoção interior e do serviço incondicional as trilhas serão abertas e cada ser chegará ao próprio destino, eventualmente extraplanetário.

Anu Tea age traçando os caminhos que cada reino deve trilhar, e não tanto conduzindo as consciências por essas rotas. Portanto, a oportunidade que oferece atualmente tampouco se restringe ao homem, mas abrange a vida de todos os reinos que convivem no planeta. O que cabe à humanidade, nesta conjuntura, é estabelecer sintonia com seus núcleos internos, como reiteradamente já lhe foi indicado. Da humanidade depende, até certo ponto, a elevação dos outros reinos que com ela se inter-relacionam e que ainda não seguiram o percurso que ela fez através de éons.

Anu Tea, como centro e como civilização, esteve atuante em períodos de transformações planetárias anteriores. Segundo informações que já divulgamos, sua irradiação proporcionou uma importante base de trabalho para as etapas posteriores ao holocausto que extinguiu a Atlântida. Pela capacidade que esse centro possui de impulsionar a reconstrução da vida, é básico que o homem esteja em contato com ele nos dias atuais — o que é possível por intermédio do alinhamento com o próprio eu interno, o morador do Inconsciente.

O homem que é permeável aos impulsos irradiados por Anu Tea encontra neles indicações seguras sobre seu percurso espiritual. Inteligência e coesão são expressões predominantes nesses impulsos, que revelarão, na próxima etapa da Terra, a verdadeira ciência.

Conhecimentos oriundos de planetas vizinhos ou pertencentes a outros sistemas solares tornam-se acessíveis quando a consciência se aproxima da vibração de Anu Tea imbuída da aspiração ao recolhimento e ao serviço. Como nos tempos dos contatos com Titã[1], a humanidade de superfície da Terra voltará a conviver com núcleos extraterrestres e intraterrenos tão livremente quanto for possível para o estágio planetário em geral.

Seres excelsos estarão entre os homens, e por isso está hoje disseminado, de maneira popular, tanto interesse por realidades suprafísicas. Mesmo que uma subcultura exotérica as apresente como algo folhetinesco, acima dessas manifestações primárias, que incitam a superstição com respeito aos mundos e aos seres supranaturais, encontra-se a vida divina, pulsando e conduzindo tudo à vibração superior dos tempos vindouros.

---

[1] **Titã**. Satélite de Saturno cuja humanidade vive em níveis suprafísicos e mantém vínculos internos com a Hierarquia espiritual da Terra. Saturno e seus asteróides têm um importante papel na formação das consciências que evoluem em alguns planetas deste sistema solar.

A energia de Anu Tea trouxera-nos a afirmação de que "a humanidade deve chegar a expressar, em sua vida terrestre, a garantia de que os impulsos evolutivos serão realmente recebidos e aceitos; caso contrário, o planeta como um todo não terá a necessária permeabilidade à luz dos Espelhos cósmicos[2]. Se a humanidade permanece refratária a esses impulsos, o movimento dinâmico das energias nas camadas sutis tem seu fluxo cerceado"[3].

O poder que emana de Anu Tea, por intermédio de seus canais ou mensageiros, convida a consciência a não permanecer no ponto por ela alcançado, mas impulsiona-a ao desconhecido, como meta imediata e como serviço à galáxia, que se aproxima de uma importante realização interior.

E se perguntarem qual é o caminho para Anu Tea, poderemos dizer: "Aprende a linguagem das estrelas, pois com sua voz silenciosa elas jamais deixaram de o indicar".

---

2 **Espelhos cósmicos**. Sistema de comunicação cósmica, os Espelhos permitem a transmissão de impulsos, de energias puras e de vibrações nos diversos níveis de existência do universo infinito. Podem atuar como Espelho tanto uma galáxia inteira quanto um ser. Alguns indivíduos desta humanidade de superfície estão passando por etapas de formação interna para assumir tarefas nesse setor da evolução. Vide HISTÓRIA ESCRITA NOS ESPELHOS (*Princípios de Comunicação Cósmica*), do mesmo autor, Editora Pensamento.

3 Vide SEGREDOS DESVELADOS (*Iberah e Anu Tea*), do mesmo autor, Editora Pensamento.

Anu Tea e a transmissão da energia divina

A vida divina está sendo estimulada na superfície da Terra por energias cósmicas que chegam ao mundo concreto após serem filtradas por núcleos intraterrenos que até agora permaneceram desconhecidos da maioria desta humanidade. Esses núcleos, os centros planetários, trabalham integrados e aproximam-se hoje do homem terrestre, dando-se a conhecer cada vez mais.

Com este livro, um desses centros procura comunicar-nos sua mensagem, criando condições para contatos mais profundos com a humanidade de superfície nas suas próximas etapas evolutivas.

Os centros intraterrenos interagem "de várias maneiras, manifestando por meio de cada uma delas qualidades específicas da energia que atua sobre a vida planetária", diz o livro SEGREDOS DESVELADOS[1]. "Portanto", continua, "inter-relacionam-se e, dependendo da composição por eles

---

[1] Mesmo autor, Editora Pensamento.

formada em determinado ciclo, provocam efeitos distintos sobre a vida planetária."

Nesse mesmo livro foi apresentado um octaedro composto pelos centros já conhecidos, como um esquema figurado da interação deles:

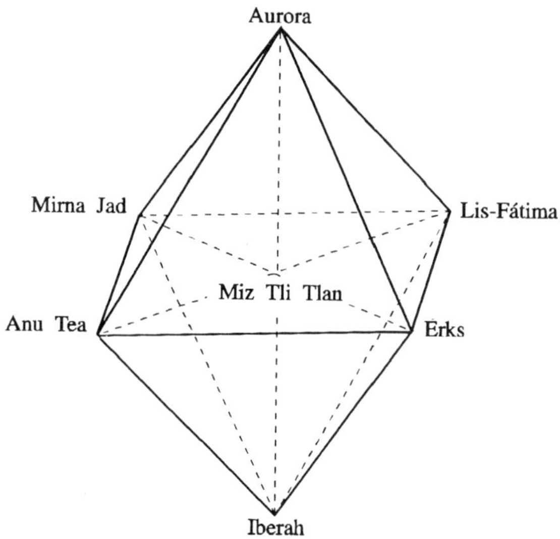

A energia desses centros incide sobre toda a aura da Terra, despertando nela qualidades sagradas. Cada um deles estimula aspectos bem definidos, de acordo com as características específicas que lhe cabe manifestar.

A energia divina é o que permite a subsistência da vida no universo físico cósmico. Ela sintetiza a vibração do nível mais elevado desse universo, e a vida que nele evolui tem de mergulhar no oceano da consciência divina antes de ingressar em estados imateriais. Trata-se, pois, de uma etapa imprescindível para todo ser que se liberta da matéria densa ou sutil.

Os centros intraterrenos que atuam em âmbitos globais e extraplanetários têm em seu núcleo um vórtice constituído de energias divinas, e alguns são coligados com fontes imateriais. Entretanto, cobrindo as necessidades das diversas esferas de consciência do planeta, sua vibração atua sobre todos os níveis, desde o mais denso até o mais sublime — mas sempre canalizando emanações divinas por meio dessa atuação.

De certo ponto de vista, assim podemos perceber o trabalho dos centros planetários com respeito à transmissão da energia divina para a vida de superfície:

Miz Tli Tlan.

Expressa a mais pura vibração existente na vida terrestre. Custodia o elo com fontes solares e, na época atual, está consolidando vínculos com energias cósmicas ainda mais potentes.

Os padrões arquetípicos sublimes e perfeitos são captados e irradiados por Miz Tli Tlan. A energia divina atuante por meio desse centro revela-se como leis e propósitos propagados vibratoriamente para os demais centros, os quais se incumbem de conduzir a manifestação desses padrões arquetípicos.

A consciência de Miz Tli Tlan não é um núcleo estático, firmado em um plano ou em um ponto da vida planetária. Pode ser mais bem descrita como uma luz onipresente, capaz de projetar sua fonte de irradiação onde for necessário. Esse é o aspecto interno da energia de Miz Tli Tlan; e como o planeta, do mesmo modo que o homem, possui um corpo etérico-físico composto de vórtices energéticos, Miz Tli Tlan pode valer-se dessas vias, usando, entretanto, intermediários para efetivar seu trabalho transfigurador.

O corpo etérico-físico do planeta não se limita aos níveis abrangidos pelo corpo etérico-físico do ser humano. A vida etérico-física da consciência planetária corresponde à vida no universo físico cósmico. Assim, aquilo que para o homem são os sete subníveis do nível físico-etérico denso, para a consciência planetária são os sete níveis do universo físico cósmico.

Nesse corpo físico cósmico do planeta existem vários núcleos de energia que são vivificados pelos centros planetários e que por meio deles se manifestam. Pode-se dizer que, simbolicamente, Miz Tli Tlan tem a função de um coração planetário, por ser um núcleo que transmite a seiva vivificadora para todo o corpo.

A vida divina é a pura manifestação do centro Miz Tli Tlan.

Anu Tea.

O papel desse centro na vida planetária está intrinsecamente ligado à formação e desenvolvimento da consciência individual, por meio do estímulo à construção e aprimoramento do corpo da alma[2].

---

[2] **Alma**. Núcleo interior do ser que se incumbe da integração dos corpos materiais à corrente evolutiva superior. Faz a ponte entre energias espirituais e energias humanas. Quando o homem alcança uma maturidade interna que lhe faculta o contato direto com a vida espiritual, a alma é absorvida no nível espiritual do ser, no corpo de luz. Vide O NASCIMENTO DA HUMANIDADE FUTURA, do mesmo autor, Editora Pensamento.

Sustentado por focalização rigorosa no objetivo de cumprir o propósito planetário, esse centro vale-se da participação de elevadas consciências do reino dévico[3] para o aperfeiçoamento e elevação da energia do nível mental.

Paralelamente, tem a função de custodiar importantes arquivos internos legados à Terra pela sabedoria cósmica. Sua aproximação ao reino humano destacou-se sobremaneira na cultura de povos orientais, como os caldeus, os persas e vários outros, notáveis pelos conhecimentos ocultos que alcançaram.

É um centro intimamente ligado à energia dos Raios[4] ímpares, e tem profunda capacidade de expressar as leis da evolução de modo acessível ao homem. Apesar de poucos representantes desse centro terem encarnado entre os homens, os que chegaram a assim manifestar-se deixaram marcas indeléveis. Um deles foi Moisés, do Antigo Testamento, que representava o Primeiro Raio, a energia de vontade-poder[5].

Anu Tea inspira a consagração do conhecimento, a aproximação à energia divina por meio da compreen-

---

[3] **Reino dévico**. Reino paralelo ao humano, constituído por seres que têm como uma de suas principais tarefas coordenar a manifestação dos moldes sutis das formas materiais. Vide O RESSURGIMENTO DE FÁTIMA (*Lis*) e O NASCIMENTO DA HUMANIDADE FUTURA, do mesmo autor, Editora Pensamento.

[4] **Raios**. Expressões da energia única que assumem caraterísticas específicas, qualificando as facetas da Criação. Existem doze Raios ativos na órbita da Terra; destes, sete são bem conhecidos por atuarem mais diretamente nos níveis materiais do planeta.

[5] Sobre a atuação dos Raios no reino humano, vide A ENERGIA DOS RAIOS EM NOSSA VIDA, do mesmo autor, Editora Pensamento.

são da essência dessa energia, que na Bíblia é apresentada de maneira evidente e primária em alguns dos seus capítulos, mas de modo oculto e sutil em outros.

Aurora.

Aurora é um reino com singularidades especialíssimas. Uma alegria espontânea brota de suas vertentes, como se quisesse dizer ao homem que, sem ela, a noite jamais será dissipada. Por outro lado, essa manifestação de beleza, suavidade e harmonia não conseguiria prevalecer se não houvesse uma energia de poder e vontade que a sustentasse. Assim, em Aurora, a pureza divina, a bem-aventurança e a delicadeza de uma vida sublime estão apoiadas em colunas inquebrantáveis.

Centro incumbido de efetivar o processo de cura planetária, utiliza os meios mais diretos e adequados para introduzir na vida da Terra o divino, o perfeito, o transcendente[6].

Erks.

É o centro iniciático para a humanidade terrena. Desvela a vida espiritual aos que podem conhecê-la e coloca-os diante dos limiares da existência divina.

É o centro no qual a Hierarquia se polariza quando deve definir os passos para cada fase do planeta. Erks assume, portanto, a função de sediar congregações

---

[6] Livros do mesmo autor imbuídos da energia de Aurora: AURORA - *Essência Cósmica Curadora*, A FORMAÇÃO DE CURADORES e A VOZ DE AMHAJ.

e concílios internos da Hierarquia, e de acolher alguns dos Irmãos de mundos distantes que venham auxiliar a Terra[7].

Iberah.

É o centro mais misterioso e oculto entre os que se revelaram até o momento. Sua aproximação vem sendo postergada, até que a humanidade chegue a um grau de pureza vibratória que lhe permita contatar a energia de poder e a sabedoria presentes em Iberah.

No momento, o trabalho de Iberah destina-se principalmente à vida da matéria em si, à vida da substância que compõe todas as formas manifestadas no plano físico cósmico. Os processos de transmutação e de transubstanciação constituem os instrumentos de ação desse enigmático centro.

Apesar de não estar diretamente acessível ao homem, sua energia lhe chega por intermédio dos demais centros planetários, e Aurora, principalmente, está encarregado de fazer essa conexão.

O caráter primordial da energia, no sentido de coligação à essência pura, expresso por Iberah, não pôde ser ainda corretamente percebido pelos homens. A potência da vibração que esse centro irradia, quando interage com canais impuros, pode intensificar as deturpações neles existentes. Por isso sua contraparte física é preservada da presença humana, o que não ocorre com a mesma intensidade em Aurora e Erks, cujas luzes se dão a conhecer.

---

[7] Vide ERKS - *Mundo Interno*, SINAIS DE CONTATO e NOVOS SINAIS DE CONTATO, do mesmo autor, Editora Pensamento.

A aproximação a Iberah se tornará viável quando a energia divina estiver permeando a consciência humana de modo mais extenso do que o faz hoje.

Lis-Fátima.

Os homens ainda não perceberam a importância da irradiação interna do centro Lis-Fátima[8]. Nele encontra-se a essência da vida divina destinada à humanidade de superfície. É o núcleo que vela a pureza original do homem e que volta agora a manifestar-se a fim de despertar sua consciência para o estado imaculado[9].

Torna possível maior proximidade entre os reinos humano e angélico, antecipando a iminente fase planetária, em que terão relacionamento mais consciente e desimpedido.

Sua Hierarquia é a que de modo mais claro expressa o caráter feminino, receptivo, capaz de moldar a vida segundo a vontade da luz. Por isso, uma figura feminina é associada a esse centro pelo homem comum.

Mirna Jad.

Portal da vida monádica, Mirna Jad é o filtro mais próximo ao homem da irradiação divina que circula nos veios sutis deste planeta[10].

---

[8] Não nos referimos ao centro católico instalado na cidade portuguesa de Fátima, que, pela exploração material, tende a desvitalizar-se.

[9] Vide O RESSURGIMENTO DE FÁTIMA (*Lis*), do mesmo autor, Editora Pensamento.

[10] Vide MIRNA JAD - *Santuário Interior*, do mesmo autor, Editora Pensamento.

Uma de suas tarefas é enviar ao reino humano o estímulo à expressão de aspectos divinos; por isso, sua atuação fez-se presente em várias civilizações evoluídas do passado — relembrando aqui o fato já revelado de que o mesmo vórtice energético que estimulou a vida essênia encontra-se hoje localizado em Mirna Jad[11]. Esse centro sintetiza os passos dados pelos homens que se acercam da consciência monádica, ao mesmo tempo que impulsiona os demais a irem além do estágio que alcançaram. Neste momento Mirna Jad tenta fazer ressurgir uma vida grupal que corresponda à manifestação da vida essênia adequada aos dias de hoje[12].

Miz Tli Tlan, sucedendo a esotérica Shamballa, assumiu a tarefa de centro regente do planeta a partir desta fase aguda de transição global, acolhendo e representando o sacrifício[13] da energia divina nos mundos materiais e, ao mesmo tempo, a consagração desses mundos. Enquanto isso, os demais centros assumiram conduzir o processo evolutivo superior das consciências que, embora tenham sua trajetória nos planos terrestres, se voltam a essa divinização.

No decorrer desta mesma transição, a energia de Anu Tea projeta-se, como consciência e vibração, em um nível fundamental para o auxílio aos que se preparam para liberar-se

---

11 Vide O LIVRO DOS SINAIS, do mesmo autor, Editora Pensamento.

12 Vide A CURA DA HUMANIDADE, do mesmo autor, Editora Pensamento.

13 **Sacrifício**. Manifestação própria de níveis libertos das ilusões, o sacrifício é a doação da energia desses níveis em prol da evolução dos planos inferiores. Em essência, significa a consagração da vida manifestada no cosmos.

dos vínculos materiais. Portanto, é de grande importância que esse centro esteja entrando abertamente em contato com a humanidade de superfície e impulsionando trabalhos evolutivos que, não fosse isso, só ocorreriam na etapa vindoura do planeta.

Outros serviços de Anu Tea ao homem

Um dos mais eficazes meios de colaborar com o progresso de um ser humano é antecipar fases futuras que levariam longos períodos de tempo para serem atingidas seguindo-se as leis da evolução natural. Auxiliar desse modo a humanidade como um todo a desprender-se de seu atual estado e a chegar a conscientizações mais sutis é um serviço prestado por Anu Tea.

Em Irdin, idioma intergalático, Anu Tea significa terra dos grandes homens, designação que simboliza algo especial para os seres que futuramente serão transmigrados para o nível de existência característico desse centro. É positivo lembrar que uma das tarefas de Anu Tea é a de acolher as energias que a vida planetária ainda não consegue manifestar ou com as quais não sabe lidar diretamente. Ele é um núcleo de incubação de padrões que nos níveis internos já estão prontos, mas cuja vibração a matéria ainda não pode receber diretamente.

Anu Tea pode desencadear aberturas fundamentais nos homens, e a sua potência é tal que às vezes participa ativamente da liberação de forças estagnadas, por meio de cataclismos e movimentos telúricos poderosos. Aspectos ocultos desse centro ainda não foram compreendidos pelos que estudam as vibrações dos planos internos, mas já se prenunciam, como pode ser ilustrado pelo relato a seguir, descrição do processo vivido por um dos indivíduos que atuaram como instrumentos para que o presente livro pudesse surgir.

"Num desses dias em que a energia de mundos internos esteve presente e atuante de maneira especial, ao recolher-me para o sono não adormeci de imediato, como normalmente ocorre. Fui alçado a um estado de silêncio, extremamente dinâmico, intocável pelos raros pensamentos que tentavam emergir. Uma eletricidade sutil percorria meus corpos, e a percepção do tempo esvaneceu-se por completo. Era um vazio sagrado, pleno, silencioso, permeado pela experiência da eternidade.

Quando mais tarde me levantei, descansado, constatei que não se havia passado mais que uma hora ou hora e meia. Pude, então, retomar o trabalho externo por mais um ciclo, até novamente recolher-me.

A certa altura, houve um intenso acréscimo ao potencial da energia que me permeava — revelava-se mais ampla, parecendo abarcar todo o universo e, em vislumbres, fazia-me perceber isso. Em dado momento, era como se meus corpos fossem romper-se, tão intensa era ela. Vi, então, em um nível sutil, a contraparte externa do meu ser. Observava-a de cima, de um plano superior, sentada, numa posição de alinhamento, preparada para o que estava para suceder. Sabíamos — tanto a consciência que assistia à cena quanto essa sua contraparte externa, que ali era vista interiormente — que um processo energético estava sendo ativado. Uma energia muito aguda foi nesse momento invisivelmente introduzida, a partir do plano no qual me encontrava desperto, na extremidade superior da coluna vertebral, por ela penetrando até tocar sua base. Em seguida, a experiência esvaneceu-se.

Pouco depois, percebia a energia que conduzia esse trabalho interno fundida na de Amuna Khur[1], alargando-se, ao mesmo tempo, a horizontes distantes. Era onipresente. Sua sublimidade inundava todo o campo de percepção. Não havia imagens, mas era um tipo de compreensão que inclui em si uma "imagem não-visível". A aura de Amuna Khur era percebida como um manto de luz, no qual brilhavam doze luzes, correspondentes aos doze grupos internos[2]. Na base, claramente atuante, estava a energia de Erks.

Após essa experiência ter sido registrada pelo cérebro físico, a energia prosseguiu fluindo, potente. Penetrava cada átomo dos meus corpos. Naqueles instantes, era-me mostrado que uma expansão da consciência planetária ocorria. Houve um momento especial em que, nos planos internos, vi uma intensa luz sobre uma colina. Era a contraparte sutil do local onde me encontrava. Dessa luz, que era como um enorme disco brilhante, emanava uma claridade transparente, indescritível, e não havia barreiras para sua penetração. Assim que foi detectada, aproximou-se pouco a pouco até abarcar todo o meu campo de percepção. Era uma manifestação de Anu Tea, que destruía conceitos mentais de espaço e de tempo.

---

1 **Amuna Khur**. Esotericamente chamado o Senhor do Mundo. Não é, todavia, um indivíduo. No ciclo passado da Terra era conhecido como Sanat Kumara. É o canal para a irradiação da energia que recebe diretamente do Logos regente do planeta.

2 **Grupos Internos**. Núcleos de energia aos quais se coligam mônadas, Avatares e Hierarquias. Cada um dos doze grupos internos canaliza, de modo especial, a energia de um dos doze Raios para a vida planetária. São os guardiães da chama desses Raios.

Todavia, não nos é dado saber a real magnitude do que se passava nos planos internos da existência. As percepções com as quais somos agraciados não são mais que pequenos vislumbres que nos confirmam o caminho e nos indicam a tarefa a cumprir. Por isso, acima de tudo é necessário entrega e fé — essa necessidade torna-se ainda mais claramente impressa em nosso ser pela poderosa vibração daqueles que em silêncio falam ao nosso interior."

* * *

Há uma história conhecida e simbólica que também serve para trazer-nos alguma luz sobre a atuação do centro Anu Tea junto aos homens de superfície.

Em terras distantes, um homem, encarregado de cuidar de um jardim que era por todos considerado maravilhoso, apreciava especialmente um bambuzal que ali havia. Entre os bambus, um, esbelto e singelo, era uma das plantas que ele mais amava. Sob seus cuidados, crescia e tornava-se sempre mais perfeito. Sentia o amor do jardineiro, o que o ajudava a desenvolver-se com graciosidade e harmonia.

Certo dia, ciente da necessidade de dispor daquele bambu até então nutrido com sagrada energia, para que passasse a fazer parte de um âmbito maior de vida, o jardineiro aproximou-se dele e foi recebido, como sempre, com profunda reverência. Comunicou-lhe em silêncio o destino que o aguardava; e, também em silêncio, compreendeu a resposta que lhe dava a essência daquele ser vegetal: "Faze de mim o que quiseres".

Movimento por movimento, o jardineiro foi então revelando ao bambu o que iria fazer e pedia-lhe consentimento.

Assim, a planta foi desfolhada, abdicando da beleza de suas compridas folhas; depois desgalhada, renunciando à harmonia de seus ramos; e então partida, doando a integridade de sua forma. Foi em seguida levada para um campo árido, onde nenhum vegetal conseguia medrar. Perto de uma fonte, o jardineiro deitou os pedaços do seu tronco, e o veio d'água fluiu sobre o que fora o mais gracioso bambu do mais belo jardim da região.

Esses pedaços do bambu foram depois espalhados pelo campo e misturados à terra onde se semearam cereais e outras plantas necessárias à vida dos homens. Com o passar do tempo, tudo brotou, e a colheita revelou-se copiosa. Foi assim que, segundo a história, um bambu nutriu o solo e propiciou fartura de alimentos. E muitos homens viveram, daí em diante, com a essência daquele bambu assimilada em seus corpos, enquanto a consciência dele se ampliava para esferas maiores, por meio do serviço que prestara.

O planeta Terra é hoje como um campo árido. Cada resposta positiva a um estímulo divino faz renascer no interior dos seres o que está sendo representado, nessa história singela, pela *consciência do bambu.*

Vida de qualidade superior

Os impulsos evolutivos de determinadas épocas algumas vezes contaram com núcleos humanos que, por meio da vivência dos padrões por eles estimulados, testificavam a possibilidade de uma vida superior instalar-se na Terra.

Na verdade, poucos núcleos desse tipo puderam realizar plenamente sua meta. Um dos raros de que se tem notícia foi a comunidade essênia. É extremamente difícil conseguir implantar e manter uma vida superior contando apenas com os homens da superfície. Sem que haja uma conjuntura interna potente, ligada às Hierarquias, esse cometimento não se consuma.

Tais núcleos cumprem inúmeras tarefas na órbita do planeta e uma delas é a de servirem de precursores de emanações cósmicas, fazendo ecoar no mundo material os sinais de tempos futuros. Por isso, nesses núcleos há sempre uma natural disposição a não confirmar conceitos e estados de consciência vigentes em sua época. Daí a dificuldade externa de serem mantidos por muito tempo, e um dos motivos pelos quais regularmente se degeneram e se transformam em comunidades normais.

Todavia, esses núcleos nem sempre se manifestam externamente de modo particularizado e tampouco se apresentam necessariamente como grupos fechados. São, na verdade, estados de consciência. Não se pode definir com clareza as bases externas do grupo essênio, por exemplo, mas para certos indivíduos, perceptivos, não há dificuldade em saber o que ele foi realmente.

É por isso que, num estudo sobre a formação de grupos e sobre a ligação deles com os processos de ampliação de consciência, temos de estar abertos não só ao trato natural dos assuntos formais, práticos, mas principalmente à compreensão de que o grupo verdadeiro não se limita a expressão material alguma, e que as ampliações de consciência não seguem parâmetros externos.

A manifestação de um núcleo que sirva como arauto de tempos vindouros deve ter ligação clara e transparente com suas raízes, e se esse vínculo é firme, ajusta-se sem dificuldade à necessidade da lei imaterial que lhe dá origem e à necessidade dos que dele devem participar.

Tendo essas condições, conta com diversos níveis de trabalho, formando uma verdadeira rede de serviço. A qualidade da vibração presente em toda a rede deve ser a mesma, ainda que possa ter diferentes intensidades. Se um contato interno autêntico é mantido vivo entre os indivíduos, os avanços alcançados por um ser difundem-se pelo grupo e promovem desenvolvimentos em todos os que dele fazem parte.

Esses aspectos dos grupos evolutivos deverão constituir-se, um dia, a característica de toda a humanidade. Entretanto, é preciso que o conjunto que hoje a compõe seja selecionado, harmonizado e integrado a uma sintonia que lhe permita manifestar-se com verdadeira coesão.

Sempre foi indicado ao homem manter-se focalizado na luz interna. A atenção em um nível supramental atua como fator de integração do próprio ser, e também da humanidade como um todo. Não é preciso ressaltar o fato de que quase insignificante foi o número de indivíduos que seguiu realmente essa indicação.

Hoje a impossibilidade de o processo de deterioração da vida de superfície do planeta ser revertido pela ação humana leva a humanidade a uma situação de grande conflito interno e externo. O amadurecimento que por séculos não foi assumido terá de ser consumado em pouco tempo, por uma operação guiada por energias cósmicas inteligentes. Entretanto, a maioria dos homens não se deixou preparar para essa maturidade. Manteve-se fechada, confirmando hábitos, tendências e aspectos próprios de estágios imaturos de sua evolução.

Como é imprescindível o ingresso de toda a vida planetária em uma fase adulta, consciente de seu papel e de sua importância para o equilíbrio dos universos, a humanidade não pode alhear-se disso. Pela resistência dos homens a transcender sua identificação com a vida comum, material, essa transição toma caráter de sofrimento, dor e conflito.

Esse quadro pode parecer pouco animador para os acomodados, mas suscita, naqueles que estão prontos, o anseio de servir, de realizar o que for necessário para a elevação da qualidade da vida terrestre. É nessas condições que as maiores oportunidades de crescimento interno até hoje oferecidas tornam-se acessíveis ao homem. Mas poucos percebem o que se passa realmente. Os que estão conscientes têm um dever para com os que se encontram na obscuridade, pois alguns destes ainda vão despertar antes que se instalem estados de caos mais agudos do que os de hoje.

Há aspectos sublimes da energia divina a serem desde já introduzidos em todos os campos da vida planetária, não com a esperança de que tal energia seja manifestada de imediato, mas como sementes que deverão germinar no futuro.

Cada indivíduo deve reconhecer a própria tarefa, e não medir esforços para consumá-la. Tem de perceber e efetivar as mudanças necessárias para cumpri-la, e manter-se atento para não colocar restrições ao que lhe cabe.

Há um engano nesses seres a ser dissolvido: a ilusão de que a vivência de novas energias ou de realidades superiores só é possível em ambientes reclusos, fechados, monásticos. É tão necessário indivíduos em recolhimento em áreas assim especiais, quanto outros sintonizados com a luz em grandes metrópoles. É inútil estabelecer valores externos para essas situações. O importante é ter clara a tarefa que corresponde a cada um e vivê-la sem conflito, sem expectativas e sem se dispersar com sonhos ou criações mentais que só desviam a consciência da meta.

Este é o momento de transcender o estado vibratório desta humanidade, em que ainda se fazem comparações e se acredita que um trabalho seja menos valioso do que outro. A dignidade de uma tarefa é espelhada por aqueles que, ao realizá-la, estão plenamente conscientes da necessidade de cumpri-la, e entregam-se a ela com amor ilimitado. Assim, todo e qualquer trabalho, onde quer que seja feito, pode refletir o *sagrado*.

Todavia, ainda que se cumpram as indicações prescritas, há pontos de resistência no homem de superfície que só com a Graça podem ser dissolvidos. Mesmo que ele polarize o pensamento em seu centro de consciência e invoque ajudas que verdadeiramente existem disponíveis nos níveis internos, sem a Graça não transcenderá completamente esses pontos primários. Se por um lado tal situação parece complexa, por outro é simples, pois a Graça é gratuita e imprevisível.

Quando se retira uma teia de aranha, surgem outras em seguida, até que a própria aranha seja eliminada. Para exterminar a aranha — o ego —, só a ação de uma energia que o transcenda. Essa energia vem com a Graça.

* * *

Tanto o contato com fontes internas puras quanto a abertura a estar unido à evolução da matéria constituem elementos imprescindíveis à realização da vida divina.

Um indivíduo pode sofrer pressões internas para despertar sua própria consciência, mas isso não significa necessariamente que tenha de mudar arbitrariamente as condições externas de sua vida. Para um ser amadurecido, as mudanças externas são sempre decorrência de uma transformação interior.

Nada vale assumir o estereótipo de uma vida divinizada quando o nível divino ainda não se revelou à consciência. Atitudes assim imaturas contribuem para que aqueles que as observam vejam com descrédito a realidade que ainda não conhecem. Entretanto, uma coisa é viver um estado artificial, outra é assumir uma disciplina que corresponde ao nível em que a consciência deve chegar. O ego pode encenar a existência de uma energia que não está presente no ser, fazendo exercícios inadequados, no sentido de querer aplicar aos corpos um padrão de energia superior. Em geral, a princípio não se podem distinguir muito esses estados, porém, existem diferenças fundamentais entre eles:

- Num, o ser interno envia o impulso e consegue estimular a consciência a elevar-se ao encontro da luz. Esse é o caso em que se reconhece a necessidade de assumir uma disciplina externa também. Esse processo tende a uma elevação, não perde o impulso para prosseguir e, por fim, deve implantar vibrações elevadas nos corpos materiais. É o princípio da divinização da vida.

- No outro caso, quando o ego está ditando as normas, o ser é levado a assumir um ritmo de vida que não brota de uma necessidade interna real, e não conta com respaldo para perseverar. É uma criação mental, ou um desejo. Com o tempo, como não dispõe de uma base interna para sustentá-lo, esse ritmo de vida vai-se reajustando à normalidade desta civilização, mesmo sem que o indivíduo o perceba. Porém, ainda assim isso é válido, pois algo sempre fica na consciência e, quando o processo verdadeiro desabrochar, já encontrará certo preparo.

Ao longo do caminho para a vida divina, o peregrino vai tendo em si despertada a serenidade, e deixa de estabelecer preferências por estar numa ou noutra situação. Não mais escolhe. Assim, vê emergir em si uma paz desconhecida, um estado de abertura e prontidão que o coloca em condições de realmente servir.

Enquanto houver expectativas sobre o curso da própria vida, a sabedoria do grande rio não pode conduzir o barco ao porto que o aguarda. Até certo ponto o remador pode ainda levar a embarcação aos locais de sua escolha. Porém, quando o mar vai-se tornando mais próximo, a correnteza a arrasta, com ou sem a colaboração do remador.

Há momentos em que inexoravelmente a necessidade do espírito ou da alma tem de prevalecer sobre os pequenos caprichos humanos. É preciso não resistir à condução interna. Sem envolvimentos com o que se passa em sua própria vida, a consciência pode assim reconhecer o que realmente a sustenta em sua escalada. Nesse processo a vigilância é necessária, pois não raro os últimos tijolos podem pôr abaixo toda uma parede já levantada. O obreiro, ao ir adquirindo destreza, tende a iludir-se com sua habilidade e a descuidar-se do alinhamento.

Um jasmim, sendo flor tão pequena, é capaz de exalar um aroma que ao longe já se faz perceber. O real valor do que existe não é reconhecido enquanto as aparências não são transcendidas.

Ao ir ao encontro do divino, o espírito leva a consciência a exultar com uma humildade incomum. A consciência prossegue ciente de sua pequenez, mas percebe-se unida à luz de tal modo que nada teme, nada a abala e nada lhe parece difícil de ser realizado. A vida divina é poder, é amor, é luz, é harmonia, é conhecimento, é devoção e é ordem. A vida divina é a síntese das energias reveladas na vida física do cosmos. É o pórtico da existência imaterial.

O indivíduo não pode receber dádivas dos céus enquanto suas mãos estiverem ocupadas em reter coisas materiais.

Esvazia-te, esvazia-te para que encontres as verdadeiras riquezas. A eternidade é conhecida por aquele que não planeja, não alimenta recordações nem se preocupa com o amanhã.

Para muitos é difícil reconhecer a necessidade de desligar-se de laços, de afetos e das coisas que os enlevam. Porém, como pode o Ilimitado ser contido num ser que não se entrega ao infinito?

A energia cósmica é a energia pura, renovadora, origem das emanações que vitalizam a Criação. O seu fluxo através de um ser depende de quanto esse ser poderá deixar que essa energia o permeie sem desviá-la segundo as próprias tendências. Mesmo que se aspire a não interferir nesse fluxo, é inevitável fazê-lo quando existem vínculos em níveis humanos. Por isso, a potência energética acessível a um homem comum, atado à matéria, é consideravelmente menor do que a disponível a um ser desapegado, evoluído espiritualmente.

O contato com a energia divina não pode ser transmitido e tampouco ensinado. Cada contato é único, pois a perfeição jamais se repete. Pode-se falar a respeito dessa energia, pode-se lançar luz no caminho para alcançá-la, mas cada indivíduo tem que percorrer por si mesmo suas trilhas, aprender a não se impressionar com as pedras pontiagudas espalhadas por elas e a comungar da inefável beleza de suas alamedas.

A sabedoria interna é tão misericordiosa que primeiro ensina ao ser a não se queixar quando é ferido por aqueles que, pensa, se opõem a ele. Depois, quando está mais amadurecido, ela o coloca diante de situações em que os que ele ama o ferem, e vê então que nada pode abalar algo que transcende sentimentos ou estados transitórios: a verdadeira união — que, para ser conhecida em profundidade, tem de ser ampliada a toda a existência, não podendo permanecer confinada a afinidades pessoais, ainda que nos níveis materiais isso seja uma realização de estágios relativamente avançados.

Evidentemente, a maioria prefere ser tratada com amor

e cordialidade, mas aquele que se entrega ao serviço impessoal nada espera. Tem sempre nos lábios uma palavra harmoniosa, mas seus ouvidos estão prontos para escutar aquela que é ríspida. Sabe que é preciso não temer a dor ou o sofrimento, que estes são apenas movimentos materiais passíveis de serem transformados e destituídos de consistência acima do nível mental. Portanto, é sábio não colocar muita ênfase sobre eles, e mais sábio ainda é tê-los como algo sem importância.

O primitivismo desta humanidade macula sua união com o divino. Mas o divino revela-se também na forma que ascende à evolução supranatural.

Repele o mal. Tua verdade é pura e na expressão da pureza deves transformar-te.

A vida divina parte do mais profundo do ser, e anuncia a alegria do encontro. Silenciosa, chega sem fazer alarde. Cauta, aguarda o momento de expressar-se. Excelsa, torna sublime o que permeia.

Em todos os centros planetários a vida divina existe como núcleo central. Cada um deles, porém, tem um som a emitir na harmonia da existência terrestre. O tom de cada centro varia com a tarefa que lhe está determinada. Plena de realidade, a vida divina descortina os caminhos do cosmos e aproxima-os da vida na Terra.

Assim ocorre também com os homens. Cada um deles tem tarefas evolutivas a realizar, e a qualidade da vida que manifestam constrói sua conexão com o cosmos.

Parte II

Vida supranatural

A luz é concedida, pois para a luz toda a vida caminha e em luz tudo deve transformar-se.

Leis dos grupos internos

Antes da queda do homem[1], quando o planeta ainda não era totalmente denso, a vida humana desenvolvia-se nos níveis suprafísicos. Nas entranhas da Terra havia civilizações erguidas a partir de materiais indestrutíveis, tanto assim que até hoje podem ser encontradas e observadas no plano etérico. Embora sejam antigas, pertençam ao passado planetário, suas marcas ainda estão aí e testificam que grandes seres aqui serviram ao Plano Evolutivo.

Naquela época a Terra oferecia, em níveis suprafísicos, a possibilidade de seres solares nela se desenvolverem, de percorrerem um trajeto interior que só ela podia proporcionar. Mas, à medida que progressivamente se materializou, essas civilizações que eles constituíram foram-se recolhendo para níveis cada vez mais sutis e deixaram de ser facilmente notadas.

---

[1] **Queda do homem**. Rendição da humanidade da superfície da Terra às forças involutivas, o que determinou o atraso da evolução não só desse reino mas de todo o planeta.

Os arquétipos cósmicos imprimiram suas marcas nessas civilizações e, portanto, quando uma entidade desses níveis de consciência se aproxima do homem de superfície, traz consigo a vibração de toda essa profunda linhagem cósmica. O mesmo impulso criador presente nesses arquétipos pode projetar, por exemplo, para o futuro o que há de mais elevado hoje na consciência dos indivíduos, dos grupos e da própria vida-humanidade[2].

Quando o manto da noite se adensou sobre a Terra, a luz manteve-se acesa nos pontos em que a Hierarquia ancorou sua vibração — e deles se irradiava para o restante do planeta. O centro Anu Tea teve participação importante em todo esse período, velando pela luz da sabedoria.

Anu Tea tem como uma das suas tarefas básicas lidar com o nível causal[3]. A noite, do ponto de vista desse centro, tem conotações que levam o ser à superação dos limites formais. Assim, segundo a sua energia, ela simboliza o estado de silêncio da alma, que prenuncia o surgimento de um *Sol* mais profundo. É um estado no qual a claridade do dia, que põe em relevo as formas e as ilusões materiais, já se apagou, mas o novo amanhecer ainda não ocorreu. Por sua capacidade de manter uma chama flamejando mesmo em situações de escuridão e mudanças, Anu Tea traz grande auxílio à humanidade, especialmente nestes tempos.

A lapidação de um ser é feita por meio do seu contato progressivo com leis evolutivas. Essas leis são concentrados de energia determinantes do surgimento de padrões e estru-

---

[2] **Vida-humanidade**. Entidade que reúne a essência do reino humano que evolui nos diversos mundos deste universo cósmico. Custodia o propósito maior para esse reino e impulsiona a sua realização.

[3] **Nível causal**. Nível de consciência onde a alma se polariza.

turas que refletem o propósito da evolução cósmica. Têm íntima associação com o Verbo e são, na verdade, cada uma delas, o som de uma *palavra.*

Os portais que separam os níveis de consciência abrem-se a um ser quando ele se impregna da energia de determinadas leis e se deixa absorver por elas. Para cruzá-los, deve estar vazio do que até então constituiu sua esfera de relacionamento. Normalmente, os desenvolvimentos positivos de uma etapa passam a ser empecilhos para a seguinte se o ser não se abdica deles. Como pode um mergulhador tocar o fundo do mar se é curta a corda que o ata à superfície?

O planeta, como a humanidade, permaneceu até hoje inter-relacionando-se em faixas de energia muito restritas. A ampliação dessas faixas ocorre basicamente quando tem lugar um dos seguintes movimentos:

- a consciência do planeta eleva-se, abarcando aspectos energéticos mais amplos;
- a consciência do sistema do qual o planeta é parte eleva-se, desencadeando a elevação da energia de todos os planetas que dele fazem parte.

O que se passa hoje com a Terra diz respeito ao segundo caso. Não apenas este sistema solar está se elevando como vibração, mas toda a galáxia. Assim, a Terra está sendo forçosamente erguida por um manancial de energia ascendente infinitamente maior do que aquele que a capacidade perceptiva dos homens pode abarcar. Por isso, enquanto a consciência intraterrena trabalha na elevação da consciência de superfície, como ocorre por intermédio deste livro, a própria consciência intraterrena por sua vez se eleva, inserida no movimento de toda a galáxia.

O mesmo sucede com grupos. A evolução de um grupo que se constitui com base em vínculos internos dá-se, de certa forma, unificada, ainda que seus membros estejam em níveis de consciência bem diversos. Assim, quando certo contingente de seres dá um passo evolutivo, isso se reflete em todo o grupo, trazendo transformações em muitos planos de existência.

Conhecidas são as atividades e as leis de relacionamento que regem os grupos humanos que se formam a partir dos planos externos. Aqui não nos referimos a elas, mas ao desenvolvimento de grupos que vivem e funcionam no lado interno da vida, sem conflitos ou tarefas vinculadas ao livre-arbítrio. Os grupos internos contatam livremente o Plano Evolutivo, e seus membros, encarnados ou não, polarizados em níveis supramentais, têm como meta essencial servir à Lei.

A constituição dos grupos internos, efetivada pela Hierarquia planetária, teve como uma de suas metas possibilitar que leis internas de evolução grupal pudessem atuar na Terra em prol da ascensão de todo o planeta. Pouco a pouco, essas leis estão sendo reveladas ao homem, e para isso os chamados *grandes legisladores* foram preparando a humanidade através dos tempos.

Algumas dessas leis são:

- Lei da interação criativa,
- Lei da sincronicidade ascendente,
- Lei da unificação das causas.

Lei da interação criativa

É uma das manifestações do Terceiro Raio[4] nos traba-

---

[4] **Terceiro Raio**. Energia da atividade inteligente.

lhos grupais; caracteriza-se pela presença da inteligência criadora como energia regente desses trabalhos. Começa a revelar-se quando a consciência grupal se polariza em níveis superiores ao mental concreto — o que significa que o grupo já se desprendeu de laços arraigados a parâmetros mentais comuns e já pode livremente estar diante do inusitado.

Essa lei determina também o movimento da energia monádica em um grupo. Seus desígnios dirigem a formação das redes que se refletirão em estruturas externas que apóiem a manifestação do que internamente o grupo está sendo inspirado a realizar.

Traduz em impulsos os propósitos regentes do serviço grupal e, portanto, delineia importantes trilhas da ascese para cada indivíduo que é parte do grupo, e também para o grupo como um todo.

Lei da sincronicidade ascendente

É uma das expressões do Segundo Raio[5] num trabalho grupal. Faz com que subsista uma mesma freqüência vibratória em todo o grupo, porém com variações de intensidade que dependerão da abertura individual.

Define o *signo* que caracteriza cada grupo. Esse signo é o padrão que o grupo recebe do cosmos. É captado pelos Espelhos como uma síntese da vida grupal interna, desenvolvida por determinados indivíduos.

É útil frisar que essa vida grupal interna difere do que se passa nos mundos formais. Acima do nível mental concreto, a individualidade tem a conotação de um som específico, parte do conjunto de sons que a Lei pode usar segundo a ne-

---

5 **Segundo Raio**. Energia do amor-sabedoria.

cessidade. Mas esse som não vibra por si mesmo, só o faz quando para isso recebe um estímulo. A vida grupal em níveis internos é harmonia contínua; é como um mosaico que exprime perfeita combinação de cores e traços, dando forma a uma idéia sagrada.

A sincronicidade ascendente é, portanto, uma lei que age na consciência grupal.

Lei da unificação das causas

Como uma manifestação do Primeiro Raio[6] na vida de um grupo, essa lei promove a unificação do propósito do grupo com o propósito cósmico, aproximando desse modo a energia do grupo à Origem, à causa de todas as causas.

Essa lei atua na essência vivificadora do grupo, que o impulsiona à evolução. É o fio que conduz a eletricidade e o fogo imateriais para o âmago dos grupos evolutivos. É também o vórtice que propicia a dissolução da imagem do grupo em determinado plano de consciência, para possibilitar-lhe operar em outro nível, mais elevado.

Na verdade, essa terceira lei sustenta a atuação das duas anteriores, pois a ação grupal tende a criar padrões no âmbito onde se realiza, e, para que ao fim do ciclo o grupo possa elevar-se naquele âmbito, é necessário que a lei de unificação das causas crie o vínculo com o próximo patamar a ser alcançado e dissolva as estruturas que estiverem desatualizadas para a fase que se abre. Do mesmo modo, essa lei auxilia a formação e a dissolução de fios que unem as consciências em um grupo, apoiando a lei da sincronicidade ascendente.

---

6 **Primeiro Raio**. Energia da vontade-poder.

A lei da unificação das causas guarda a síntese da meta original da existência do grupo, meta que está sempre vinculada aos caminhos para os quais a evolução se dirige.

Percebe-se, por essas revelações, que é importante a atuação de cada indivíduo em um grupo; todavia, o grupo é reunido, vive e tem a sua meta em outros níveis de consciência, que transcendem o âmbito individual e que têm nas leis supremas seus parâmetros de existência.

Essência de compaixão

Para que o desenvolvimento planetário pudesse tomar o ritmo indicado para os tempos atuais, foram abertos aos homens de superfície, há alguns poucos milênios, os contatos com os ashrams[1] dos Mestres, membros da Hierarquia. Atualmente esses ashrams ascendem a níveis mais elevados e são denominados grupos internos.

Apesar de o vórtice central dos grupos internos deste planeta estar sediado no centro Erks[2], cada grupo tem afinidade mais estreita com um dos demais centros intraterrenos.

Há vários patamares energéticos dentro de um mesmo grupo interno, e normalmente a Hierarquia que o rege encarrega-se de propiciar aos discípulos o relacionamento com a vibração dos vários centros planetários. A Hierarquia regente desses grupos é uma congregação de consciências que tra-

---

1 **Ashrams**. Núcleos de consciência instaurados na etapa passada por Mestres da Hierarquia, com o propósito de dar condições de acesso a outras leis da evolução aos indivíduos que se elevassem acima do nível energético desta humanidade. Foram as sementes que hoje despontam como os grupos internos.

2 O centro Erks tem como um dos seus propósitos introduzir a nova educação, por meio das iniciações dos seres em leis superiores.

balham num grau de harmonia e interação tal que, para um aspirante desavisado, pode parecer constituir-se de uma só consciência.

Quando se diz, por exemplo, que a energia de Khutulli[3] se revelou a alguém em contatos internos que progrediram, aprofundando-se e elevando-se de nível, na realidade não foi uma mesma consciência que contatou o ser durante esse processo. As várias consciências que compõem a Hierarquia de um grupo interno distribuem-se de modo a prover a necessidade dos que a ela estão coligados, e, assim, a sua energia vai descendo, passando por diferentes transformadores nos vários níveis de existência, até atingir os planos mais densos. Essa energia, que era pura, elevada e imaterial, ao chegar ao nível dos homens pode ser deturpada. Por isso, alguns textos atribuídos a grandes entidades conhecidas e captados em planos bem materiais assumem características notadamente humanas. Desse modo, ainda que no mundo concreto existam obras que se mantiveram fiéis à sua origem, muitas outras, ditas esotéricas, são passíveis de descrédito.

A estrutura mental da humanidade de superfície apresenta uma organização sistemática que requer certas definições para que possa estabelecer sintonia com assuntos abstratos. Todavia, por terem origem em planos supramentais, por mais que tentemos encaixar esses assuntos em conceitos e esquemas, não poderemos traduzir completamente sua essência. Esse fato deixa de ser uma limitação para tornar-se um estímulo à descoberta interna, quando se consegue focalizar a consciência no insondável, sem temor algum de penetrar o desconhecido.

---

[3] **Khutulli**. Uma das Hierarquias Maiores em Miz Tli Tlan. Vide MIZ TLI TLAN - *Um Mundo que Desperta*, do mesmo autor, Editora Pensamento.

Essa postura de serenidade diante do inédito é básica para que possamos alcançar mundos superiores e chegar ao contato com a existência em âmbitos cósmicos.

A Lei diz: "No espaço sideral, em todo ele mas em nenhum ponto determinado, está a morada de todos os seres."

Uma consciência apegada às coisas e às imagens terrenas não pode comportar a imensidão da sua realidade interna. Por isso, a Hierarquia envia seus mensageiros para ampliar os parâmetros, as bases, os conceitos, os padrões e, enfim, a própria vida do homem, erguendo-a à posição que lhe está designada. Todavia, esses mensageiros não são, em si mesmos, a meta, mas tão-somente Irmãos Maiores que percorreram caminhos ainda não trilhados pelo homem atual.

O contato com a Hierarquia é uma fonte de dignificação da vida, o que significa também transmutação e cura, pois, sem que essa vida seja curada, e por meio de receptáculos assim restritos, a nobreza do espírito não pode manifestar-se.

Não te distraias do misterioso chamado à viagem interior. Cria em ti a determinação de entregar-te, cada vez mais plenamente, a esses mundos distantes, e não te detenhas nas formas que encontrares pelo caminho.

Acende em ti a chama da devoção. Deixa-a incendiar-te por dentro, em amor ao Supremo.

* * *

A energia dos tempos vindouros envolvia num manto de amor o peregrino. Ele prosseguia avançando, entre irmãos, rumo à luz que arde no centro do fogo que os reuniu como grupo. O aroma característico da Irmandade inundava os ares e abençoava aqueles que transformaram sua existência em um instrumento de serviço da Lei.

Provas haviam sido vencidas pelo peregrino e a leveza dos que não vivem mas são vividos pelo espírito fazia-se presente nele e naquele grupo, que se interiorizava gradualmente.

O portal do sol tomava a forma necessária a cada etapa do caminho, sempre acessível; porém, longo trajeto devia ser percorrido para que ele fosse totalmente transposto. Diante da visão desse portal, ao peregrino foi dito:

— Conheces o poder da vontade?

— Tanto quanto a Luz mo revelou.

— Empenha-te, então, em alcançar a essência da compaixão. Terás o fogo, mas serás por ele queimado até que saibas usá-lo em prol dos que dele necessitam.

* * *

"Como pode o homem comum, envolto em tantas solicitações dos seus corpos e do ambiente que o circunda, despertar para a vida interior?", perguntam-nos. Há instrutores internos que permanentemente estimulam a elevação da consciência dos seres humanos. Quando o Governo Central[4] do Cosmos determina o ingresso de um planeta em esferas de consciência imateriais, como é o caso da Terra, todos os que nele evoluem recebem impulsos extras para ascender a níveis espirituais e divinos.

---

[4] **Governo Central**. Núcleo que rege a evolução de todo o cosmos. É uma projeção da Fonte Única e dela recebe a indicação da meta a ser alcançada em cada nível de existência.

Como fonte de estímulo a essa ascensão, na órbita da Terra foram sediadas conjunturas energéticas potentes que servem como pontos receptores da vibração cósmica. A luz rompe bloqueios e revela-se como o guia dos dias futuros. O tempo de obscuridade, no qual a vida transcorria desconectada da essência interna, está sendo progressivamente suplantado pelo despertar da consciência para a verdade interna e cósmica.

A Hierarquia aproxima-se da vida material para transformá-la, para libertar a luz prisioneira no âmago de tudo o que nela existe. Portanto, nem o menor grão de areia deixa de ser tocado pela energia de transformação destes tempos, mesmo que não esteja aberto a ela. Redescobrindo-se a beleza da vida silenciosa, pode-se perceber o que o espírito constantemente nos está inspirando.

Num encontro com a Mãe[5], um estudante perguntou-lhe por que ele não conseguia escutar a própria voz interna. A Mãe respondeu-lhe que o interno nunca deixa de nos falar, mas sua voz é tão suave e branda que, para escutá-la, temos de silenciar os movimentos pessoais, cujos ruídos abafam o *som* do espírito.

O espírito fala-nos do que precisamos para viver todos os instantes voltados para leis maiores, e também nos dá sinais de como nos acercarmos dos mistérios da Criação.

---

[5] **Mãe**. Ser de grande evolução que tinha consciência da própria vida interna em vários níveis de existência. Durante sua última encarnação colaborou com Sri Aurobindo, na Índia. Vide CONVERSAS COM A MÃE, Editora Pensamento, 1976.

Três vértices unificados

Indivíduos estão sendo internamente preparados para atuar como polarizadores da energia dos grupos internos nos planos materiais. Neles estão sendo depositados impulsos sublimes que, por meio de suas obras, devem materializar-se na vida planetária.

Esses seres reconhecem a necessidade de manterem-se em permanente contato com a Hierarquia cuja vibração tem ascendência sobre sua mônada. Da entrega incondicional a esse veio de luz, são-lhes reveladas as tarefas a realizar.

Aquele que cumpre os desígnios da Lei não tem vontade própria. Seus passos dirigem-se à meta que lhe é indicada, suas mãos dão forma aos desígnios do Plano Evolutivo que lhe são apresentados, e seu coração pulsa segundo a dinâmica interna do cosmos. Ascende de nível em nível, buscando tocar a fonte e a ela entregar-se incondicionalmente.

A princípio, arrasta consigo o pesado fardo que na ignorância acumulou, mas se o poder do amor constrói e dissolve universos, não cuidaria de retirar dele tais cargas, para que possa erguer-se a mundos distantes? É preciso fé no imponderável. É pelo ardor que o peregrino penetra os caminhos internos, é pelo ardor que se eleva à vida cósmica. Por isso, a centelha interna é o maior tesouro que traz consigo.

O fogo que desce do cosmos fornece os elementos para a construção da vida dos grupos internos. As escolas solares o transmitem. Sem a presença do fogo, a forma definha-se e a luz se apaga. A tarefa de cada membro de uma congregação interna é perpetuar o fogo, mergulhar e inflamar-se no calor do seu centro e dele retornar permeado de vibração tão intensa que abrase a vida que o circunda, retirando-a da inércia.

Quando o fogo é aceso no coração do peregrino, mesmo que tente, ele não conseguirá simplesmente *viver*, como fazem os homens comuns. Um movimento inexplicável mantém-se ativo em seu interior, impedindo-o de cristalizar-se na rotina diária. O corriqueiro é como uma névoa que encobre a vivacidade da luz divina. Por isso, existe o que se pode chamar de inquietude sã, uma busca que não permite à consciência estagnar-se naquilo que satisfaz algumas de suas aspirações. A vida de um membro dos grupos internos não é um estado de placidez e sossego; é ação interior dinâmica, pulsante, diligente e enérgica.

As tramas com as quais são tecidos os corpos internos de um ser fortalecem-se com o ininterrupto fluir da vontade transformadora.

O relacionamento com os grupos internos exclui a submissão. Sua meta é libertar a consciência, e a Hierarquia age como o foco de emanações libertadoras. Os que alcançam o estado vibratório no qual esses grupos se lhes tornam acessíveis têm de construir sua própria fortaleza e erigir os fundamentos de seu próprio caminho. O contato com a Hierarquia ativa o vigor espiritual e conduz à transcendência; por isso, a autocomiseração deve ser evitada quando se está em busca da verdade.

No portal dos grupos internos encontra-se a justiça. A regência de grandes movimentos equilibradores inúmeras vezes manifestou-se por meio de vibrações femininas, e por isso é preciso compreender o poder de geração; ele é bem maior do que a capacidade de plasmar formas. Simbolicamente, essa regência traz os olhos vendados, pois não são aspectos da forma o que prevalece em seus juízos. Há também sua face dissipadora, cuja potência é desconhecida e aflorará com o ingresso das irradiações do Primeiro Raio na esfera psíquica do planeta, quando chegar a hora da transformação global.

> *O Grande Mensageiro fez ecoar sua palavra. São flamas que se propagam da pira central que arde além deste Sol. O peregrino tem de encontrar suas raízes e, tendo-as percebido, voltar ao estado de semente. O enlevo de haver nascido em um mundo pleno tem de ser subjugado pelo chamado a prosseguir. A Morada é imensa e não só seus jardins preenchem o ser com a consciência da Totalidade. O Absoluto está em toda parte, mas para se estar diante da verdadeira Presença é preciso ingressar em âmbitos centrais.*

* * *

Assim trabalham os grupos internos e as Hierarquias que cuidam da formação dos indivíduos nestes tempos: quando a paz se instala nos níveis inferiores, a matéria, a energia e a consciência que neles evoluem são erguidas a estratos cuja potência vibratória promove transformações profundas no que toca. Permeadas por novos impulsos e transmutadas, a matéria, a energia e a consciência são reconduzidas aos seus patamares de existência, porém não são mais as mesmas; sofreram ampliações e desenvolvimentos internos que se refletirão, cedo ou tarde, na vida externa.

Esses importantes processos têm suas raízes na senda iniciática, são preparos pelos quais passam os indivíduos que se encaminham para as iniciações. No presente livro, a energia de Anu Tea introjeta o impulso iniciático, e o ser que estiver aberto a transformações profundas poderá percebê-lo.

Apesar de toda a fantasia criada em torno das iniciações, elas são a base da trajetória evolutiva do ser. O contato com grupos internos e com a Hierarquia é sempre regulado por graus iniciáticos, assim como também o é o acesso às chaves cósmicas de conhecimento e às leis internas que regem a evolução dos universos.

Portanto, as iniciações deveriam ser para a consciência buscadora da luz o que a trilha é para o peregrino: parte intrínseca de sua existência. Sem trilha o peregrino não tem razão de ser e torna-se um homem comum, entregue às leis naturais.

A perseverança é uma importante chave para quem se reúne ao contingente dos grupos internos, mantendo-se sempre em prontidão para agir quando a Lei o chamar. Aprofunda sua destreza no manejo dos instrumentos, de modo que de olhos fechados pode reconhecer o alvo a ser atingido, pois os verdadeiros sentidos que o guiam não se deixam tolher e percebem além do mundo concreto. Quando o ser exprime essas características, ele está recebendo, de modo especial, a irradiação da linhagem hierárquica dos guerreiros. Ele se forma no seio das correntes iniciáticas, seio que é a síntese da meta transcendente que paira sobre a vida universal. A excelência de sua arte é erigida quando vence a si próprio. Atua por palavras e gestos, e esses rituais são seus primeiros mestres, no começo de uma série de ensinamentos que receberá ao longo de sua trajetória interna.

Um guerreiro, segundo o que aqui está sendo apresentado, é um estado de consciência instalado nos níveis internos do ser. Beleza e harmonia revelam-se nos seus movimentos quando ele é batizado pela nobreza do fogo. A reverência pela luz é então despertada nos corpos de que dispõe, e ele passa a ter a união com a Hierarquia como escudo protetor.

As escolas dos mundos supramentais abrem suas portas não ao soberbo ou ao vaidoso, mas àquele que da humildade conseguiu retirar as lições que o farão senhor de si mesmo. Quantos têm a crença vã de que são os regentes de seus próprios passos, quando na verdade são fantoches das forças involutivas que habitam seus corpos...

A consagração do ser é essencial para que ele comungue com os grupos internos e para que receba dos Instrutores a *palavra de vida*, que não é expressa em vocábulos terrenos, mas é a pura luz que ele encontra no centro de si mesmo. Todavia, sem que se rompam as cadeias que prendem sua consciência ao âmbito individual, permanecendo restrito às suas possibilidades humanas, ele não consegue captar as torrentes renovadoras que afluem desse centro. Há um tempo para que certos estados sejam superados; a serena paciência unida à firme decisão de ir além são bálsamos que cicatrizam feridas abertas, permitindo que uma energia sã se instale nos corpos, sejam estes externos ou sutis.

Um peregrino sabe que, por mais escura que seja a noite em que se encontra, o Sol despontará. É a fé que o sustenta. A fé é um mastro que eleva tão alto a luz, que esta, assim erguida, por pequena que seja poderá clarear vastidões impensadas.

A energia feminina é canal e meio de execução da Lei, e em seu âmago desperta o Homem Perfeito. A consciência cósmica acolhe-o como filho, concedendo-lhe o germe da vida divina, para que o planeta possa ser redimido. Mas a perfeição somente se manifestará no indivíduo que evolui nos mundos materiais quando a luz que dele se irradia passa a fulgurar no cosmos.

Interiormente o Homem Perfeito nasce da fusão de três energias que vibram em seus níveis profundos: a energia criadora, a energia receptora e a energia transformadora. Esses três vértices, que se mostram também sob as vestes da trindade espiritual, devem ser sintetizados e unificados para que o Homem possa enfim dar-se a conhecer ao eu consciente, sua parte externa.

A síntese dessas energias, que são os três fios principais do manto da Criação, apazigua as polaridades inerentes à vida nos mundos aquém dos divinos. Realiza a integração do ser que, coeso, serve de coluna para que o templo dos mistérios se torne acessível a um maior número de indivíduos. Esse ser, andrógino, apresenta qualidades masculinas e femininas e, imerso num estado de neutralidade e imparcialidade, delas se utiliza segundo a vontade da Lei.

O Homem Perfeito resulta da divinização do homem mundano, e por isso é difícil estabelecer o limite exato entre um e outro. É fruto de um processo alquímico, enigmático e ao mesmo tempo de extrema simplicidade. Por meio desse processo, a matéria e a forma convertem-se em energia e molde de luz, para novamente voltarem a concretizar-se, trazendo porém em sua estrutura a essência dos novos padrões que lhe foram incutidos nessas interações.

No Homem Perfeito encontram-se amadurecidos os aspectos das várias linhagens de evolução disponíveis ao reino humano. Assim, quando o silêncio o chama, emerge nele a vida contemplativa. Quando um brado de luta é soado, traja-se de guerreiro e, em prontidão prossegue. Quando os impulsos cósmicos cortam os ares em direção a núcleos receptores, todo o seu ser reluz na pureza e transparência de um espelho. Quando a Lei penetra os níveis de manifestação, inspirando os padrões que devem ser reconhecidos e vividos, ele acorre a ela e entrega-se, para que possa ressurgir como governante. Quando a essência deve tocar a consciência e a vida das partículas, nasce em si o sacerdote, e encaminha a matéria ao encontro da luz. Quando a sabedoria bate às portas da consciência e tenta penetrá-la, esse Homem Perfeito manifesta-se como profeta e delineia nos éteres o porvir. Quando o pulsar cósmico se acerca da forma e esta tem de ser preparada para acolher sua dinâmica, esse Homem revela-se um curador, e afina os instrumentos para que o Grande Músico faça soar sua melodia.

O impulso criador é completo e traz em si origem e fim, causa e conseqüência. Exprime-se por necessidade de a matéria conhecer a excelência da vida interna, mas não demanda realização alguma. Isento de intenções, é capaz de projetar e plasmar em formas o Desígnio e o Propósito, de acordo com as idéias arquetípicas.

Na amplidão dos templos internos, é despertado o dom de tecer essa harmonia. Sem que se habilite e se esmere no jogo de fios e cores, o ser não criará a veste que lhe permitirá traspassar as fronteiras planetárias. O segredo dos matizes tem de ser por ele descoberto, bem como o ajuste da correta tensão dos fios.

A firmeza da trama desse seu traje interno determinará a potência da energia que poderá incidir sobre ele. É preciso forjar na decisão e na entrega a robustez dessa rede luzente. O conhecimento das leis que regem o entrelaçamento dos fios é um atributo do caminho iniciático.

À medida que o fogo divino abrasa a vida do ser, os fios de sua veste interna tornam-se cada vez mais transparentes e radiantes. O próprio núcleo monádico transmuta-se nesse fogo e a vida solar desmitifica-se.

A tecedura desse veículo luzente não é tarefa individual. Muitas mãos irreconhecidas, além das do próprio ser, constroem tal veste, que ele utilizará no próximo nível de consciência. A turbidez que antes obscurecia o indivíduo é transformada pelo acolhimento do fogo por parte da consciência material. Assim, a dissolução de agregados renitentes nunca é lamentada pelo que trabalha em prol do aperfeiçoamento do traje luminoso e, por isso, a ação da justiça divina é irremissível, impassível e precisa. Desconsidera o irreal e liberta a verdade.

Grupos e signos

Uma imagem foi trazida aos olhos internos de um estudante: uma cortina de energia compacta, quase uma parede, que continha em certa área um espaço aberto, como um grande orifício, preenchido por outra energia muito sutil, de intensa vibração ígnea. Vendo esse grande orifício, o estudante soube que estava diante de um portal cósmico, depois do qual haveria um vazio desconhecido pela mente humana, porém pleno de vida.

À medida que as transformações requeridas para a evolução interna vão ocorrendo em um ser, ele passa a ter acesso a esferas de consciência que o colocam em contato com vibrações cósmicas. As possibilidades de serviço que então nele são despertadas abarcam não apenas o mundo material, mas predominantemente o mundo interno. Gradualmente, à medida que a consciência vai consolidando seus vínculos com núcleos de pureza, é-lhe facultada a capacidade de servir em níveis sutis.

Esse serviço interno tem como base a irradiação de energias curadoras e clarificadoras, porém nunca dirigidas pela consciência humana. A mônada, em contato com a Hierarquia, ou a própria Hierarquia — quando a mônada ainda não está madura para isso — conduz esse serviço, canalizando a vibração irradiada para os pontos de maior necessidade. Inúmeros seres são beneficiados por esse trabalho, que neles se reflete como revigoramento de seus propósitos superiores e estímulo para prosseguir em direção à luz.

O serviço é realizado tanto por meio da oração quanto por meio da divinização da vida material. Para a mônada, essas modalidades têm igual valor, se são assumidas com a necessária sintonia e clareza. Na realidade, são canais para a atuação de uma mesma energia; numa o silêncio e a interiorização são os instrumentos, noutra o relacionamento com a matéria caracterizado por um alinhamento superior é o que desempenha esse papel.

Um buscador da luz nos dias de hoje não deve nutrir ambição alguma, pois as realidades internas lhe serão desveladas quando a necessidade assim o indicar; deve, porém, estabelecer sintonia com elas. Dessa sintonia advirão transformações individuais, grupais ou em âmbitos ainda mais amplos.

Enquanto a consciência humana do indivíduo não se despir de seus apegos e não se colocar numa posição tal que lhe permita incluir-se na verticalização do ser, a vida da humanidade a que pertence não cumprirá seus desígnios. A Irmandade Cósmica está presente auxiliando a realização desse passo.

Os seres que estão sendo preparados internamente para o relacionamento com a vida supranatural não necessitam prosseguir atados à condição mortal, pois vão passando a ter consciência de que continuam a viver e a perceber, independentemente da existência no corpo físico denso ou nos demais corpos materiais[1]. Os que estão nesse estado dificilmente poderão manter-se na inércia própria da matéria, dificilmente poderão viver para os sentidos, sejam eles físicos ou astrais. Recebem duras lições quando insistem em permanecer estagnados. Dessas lições faz parte, por exemplo, a experiência de não serem compreendidos pelos semelhantes, mesmo quando suas intenções são as melhores. A consciência reconhece então que só lhe resta descartar qualquer tipo de apego. Feito isso, ou seja, consumado esse estágio de repulsão ao que é retrógrado, registram-se, finalmente, outros estados de consciência, mais límpidos, claros e abrangentes.

Portanto, com renúncia e desapego pode-se, pouco a pouco, liberar a mônada para assumir passos em níveis profundos, sem que a vida material se torne submissa a forças dispersivas.

Freqüentemente as mônadas são atraídas para esses níveis profundos, e sua ligação com a consciência física torna-se tão tênue que na vida externa o ser pode ficar ao sabor das forças do ego. Por isso, é necessário que os corpos sejam treinados a manifestar padrões superiores, a se voltarem para a luz, pois ela se revela aos que a buscam realmente nesta época, surgindo no interior do ser e indicando-lhe os caminhos a serem trilhados.

As ampliações de consciência devem ser vividas não só individualmente mas também pelos grupos. Ao longo da evolução, o potencial interno de vários grupos foi sendo despertado e grande ajuda interior encontra-se hoje disponível. Em várias situações, falta apenas que os indivíduos que os compõem estabeleçam a sintonia e o alinhamento necessários

---

[1] O ser dispõe de vários corpos, em diferentes planos e dimensões.

aos corpos materiais. Para isso terão de viver, em grau profundo, a renúncia, o desapego e a transcendência da ilusão material — o que nem sempre se consuma de imediato na consciência externa. Mas, sem que isso se realize, os mundos celestiais não se tornam plenamente acessíveis.

O ingresso nos grupos internos requer ausência de laços com a vida formal. O impulso ascendente que hoje faz pressão na consciência da humanidade tem como meta levar os seres ao contato com a vida supranatural, e por isso, quando um indivíduo deve assumir incondicionalmente sua evolução, a energia interna impede-o de extrair proveito dos envolvimentos com a vida material. O chamado cósmico, que tem origem em núcleos cujo poder suplanta resistências, potencializa sua irradiação quando uma consciência está pronta para ser colocada em meio ao fogo da redenção.

Esses núcleos são implantados pelas Fraternidades cósmicas que, juntas, formam a grande Irmandade. A essência de cada uma dessas Fraternidades é alentada por uma energia que as qualifica, energia que se tem dado a conhecer como um *signo cósmico*.

O relacionamento com os grupos internos e com os signos cósmicos torna-se possível quando os mecanismos mentais do ser estão sob o controle de núcleos internos que previnem a criação de formas-pensamento irreais e fantasiosas. A renúncia a projetos pessoais é imprescindível para o contato com impulsos extraplanetários. Os signos cósmicos impulsionam a manifestação de padrões arquetípicos, e portanto a consciência que lhes serve de canal não pode estar contaminada com aspirações humanas nem com metas pessoais.

O aprofundamento do trabalho dos grupos internos ocorre simultaneamente em algumas direções: tanto no sentido de fortalecer os próprios vínculos com a vida extraplanetária, quanto no sentido de estabelecer contato com os seres receptivos da humanidade que tenham abertura para assumir o próprio destino espiritual. Jamais estiveram instaurados na órbita da Terra dínamos de energia iniciática tão potentes como nos tempos atuais. Grandes oportunidades estão sendo oferecidas aos que escutam o chamado. Os antigos ashrams foram como telas vibrantes que fizeram ecoar pela vida planetária o som dos mundos interiores; depois disso, os grupos internos emergiram da consagração cósmica desses ashrams, após estes terem recebido dos signos celestiais o batismo pelo fogo.

As iniciações podem ser vistas como batismos com fogos cada vez mais intensos e profundos. A consciência de um ser emite um tom que é a nota característica do fogo que a alenta. Existem iniciações menores que vão progressivamente sutilizando esse tom dentro de uma mesma escala, ou seja, dentro de um mesmo plano de consciência. Porém, as iniciações maiores mudam de escala a vibração da consciência, rompendo fronteiras que separavam o ser de planos mais elevados.

Enquanto o novo estado não se instala, a Hierarquia equilibra os níveis de existência para que a consciência dos buscadores possa discernir entre o real e a ilusão. Mas, por meio de processos iniciáticos, a visão interna da humanidade está sendo despertada, e mundos supranaturais revelam-se para muitos. Hoje, nos níveis internos de todos os seres humanos que habitam a Terra, está claramente impressa a realidade transcendente dos signos cósmicos. Na maioria desses seres, todavia, essa realidade permanecerá como um vórtice latente, cuja energia não toca a densidade da consciência externa; essa marca, porém, não se desfaz, e para onde quer que sejam encaminhados, levam-na como semente.

Quando a Hierarquia indica o trabalho de divinização

da vida material, não o faz só com o objetivo de elevar a vibração da matéria, mas tem como uma das suas metas principais a liberação interior que advém da ordem, cristalinidade e ascensão da existência nos mundos externos.

Divinizar a vida, portanto, é um trabalho que contribui para a liberação do ser em muitos níveis de existência. Ao mesmo tempo que dissolve da consciência material os vínculos com forças involutivas, permite a imersão dos núcleos internos do indivíduo em energias mais profundas do que as que até então lhes foram acessíveis.

* * *

A presença dos signos cósmicos na órbita do planeta tem também a função de construir rotas para os seres que transcenderam ou estão transcendendo a evolução terrestre. Abre portas para mundos distantes e desde já trabalha os núcleos internos dos indivíduos, preparando-os para os destinos que lhes estão indicados.

A irradiação dos signos age sobre esses núcleos interiores e reflete-se em pontos específicos dos corpos densos. Assim, um magnetismo interno é despertado, e imperceptivelmente o ser se transforma numa fonte transmissora de impulsos espirituais. A afinação com a origem desses impulsos é implementada à medida que sua consciência se rende a um amor arrebatador, a uma "loucura santa", como o chamam alguns místicos. As bases da vida cósmica ultrapassam a compreensão humana. Nelas está presente a ação de Raios, que, em seus movimentos convergentes e divergentes, criam e dissipam as formas, atualizando permanentemente a expressão dos universos.

Os representantes dos signos cósmicos atuam em nome da Regência Suprema. São fontes de auxílio para o programa de resgate e colaboram na redenção da vida planetária. É hora de colocar a mente dos homens em sintonia com esses signos. O grau de tensão dos planos materiais requer a introdução de correntes poderosas. Por isso sua existência está sendo revelada.

Anu Tea traz, por meio dessa revelação, os primeiros sinais da nova astrologia, que pouco tem a ver com o que hoje se entende por isso. Os signos cósmicos aqui apresentados não têm relação alguma com os signos zodiacais. Dizem respeito à essência das manifestações da Irmandade Cósmica, que não estão necessariamente vinculadas a astros visíveis ou existentes em níveis sutis.

Os signos cósmicos são realidades sublimes, imateriais; são núcleos de pura energia, que partem da Fonte da Vida, assumindo cada um deles características desse centro primordial. Sua origem é tão profunda que não pode ser alcançada pela mente humana não iniciada nos mistérios da Criação. Toda a vida em evolução, porém, vai-se aproximando à energia deles tão logo possa recebê-la diretamente.

A certa altura da trajetória evolutiva de um ser, de um planeta, de uma estrela, de uma galáxia ou de vidas ainda mais amplas, os signos aos quais sua consciência está internamente vinculada começam a delinear-se em sua esfera de existência e a refletir no cosmos a vibração que os caracteriza. A vida manifestada tem como base a interação de correntes energéticas. Assim, as vibrações desses signos passam a determinar o desenvolvimento de vários setores do Plano Evolutivo. As Fraternidades cósmicas são as expressões dos signos que acolhem os seres libertos das leis materiais e humanas, e velam pelo cumprimento dos propósitos indicados por esse Plano.

Esses signos cósmicos custodiam o contato do homem com os universos interiores, imateriais e inanimados. Como sua consciência no futuro estará muito mais voltada para esses estágios da vida, a luz dos signos será a base do seu relacionamento com o cosmos, relacionamento no qual se fundamentará a nova astrologia. Essa nova manifestação da astrologia, contudo, não terá o ser humano como foco de suas atenções, pois ele já terá cruzado os portais da senda iniciática e transcendido o estágio de egocentrismo.

Preparo para o supranatural

Só uma energia supra-humana pode trazer impulsos capazes de colocar os seres em um novo patamar e em novos contatos com realidades do cosmos. As fronteiras humanas têm de ser transcendidas e, no entanto, a identificação com a matéria leva os indivíduos a se aferrarem aos seus próprios limites como se fossem campos seguros. Em decorrência disso, o conflito nos níveis materiais é hoje irremediável. Porém, quando o ressoar dos sinos dos templos internos chega ao ouvido do peregrino, ele percebe a necessidade de expandir seus horizontes.

Um dos efeitos desse despertar é o equilíbrio na comunicação. As palavras são mananciais de vida para serem usadas com sabedoria. Se a consciência mergulha na verdade, o fogo que antes se distribuía em milhares de sons se intensificará em palavras concisas. Por isso, horóscopos e cartas astrais darão lugar a percepções mais sintéticas.

Uma consciência atenta ao que realiza no mundo externo prepara a aproximação ao supranatural. Assim como sem as corretas instalações a energia não chega à lâmpada e a luz não se revela, também sem aspectos materiais claramente dispostos, purificados e transcendidos a consciência não pode penetrar mundos sutis. Abrir-se para a divinização da vida externa é imprescindível para que se possam contatar os grupos internos e participar de construções indicadas pela Lei. Divinizar-se significa também descondicionar-se das influências usuais desta civilização, seja em âmbito planetário, seja com respeito aos conceitos que ela tem sobre os astros do firmamento.

Segundo a Lei, cabe às entidades sublimes criar os moldes que servirão de sementes para a manifestação das estruturas formais, mas os homens também têm sua contribuição a dar no campo do contato com os novos padrões arquetípicos. Espíritos construtores plasmam em torno da Terra um Espelho que capta do cosmos esses padrões e os projetam nos diversos níveis da vida planetária.

Os arquétipos definem a estruturação da vida nos planos de existência, sejam esses planos materiais, sutis ou ardentes. No decorrer da evolução, o homem deixa de lidar com as conseqüências dos impulsos ascensionais, e passa a acercar-se das causas, das raízes desses impulsos; ou seja, eleva seu relacionamento do âmbito das formas para o âmbito da essência, passa a interagir cada vez mais com os padrões arquetípicos, e assim adquire maior capacidade de manifestar harmoniosamente o que é por eles determinado. Termina, pois, o ciclo da astrologia como sustentação do ego humano nas suas buscas por predições que lhe assegurem vantagens.

A aproximação à energia divina é um marco nesse sentido, pois nela o arquétipo tem seu pulsar vitalizado pela proximidade da vida imaterial e, eventualmente, da vida inanimada, que é um estágio além. Porém, um ser em evolução não contata de início a energia divina nem a essência dos padrões arquetípicos. Há um caminho a ser percorrido até que esse contato se estabeleça e se consolide em graus de pureza elevados. Esse caminho, que é a senda iniciática, faculta ao ser a construção de seu corpo de luz, o traje interno, seu veículo de manifestação nos níveis espirituais, que pode, em certas situações, penetrar também os níveis monádico e divino.

A construção desse corpo, dessa veste interior, tem início quando a focalização da consciência se ergue além da mente racional. Quando essa elevação é realizada, ocorre um alinhamento entre os diversos núcleos do ser. A princípio esse alinhamento apresenta distorções, mas à medida que a consciência externa amplia sua receptividade às irradiações espirituais, ele se verticaliza e se alarga como canal para os afluxos de correntes cósmicas.

São as correntes cósmicas que, ao tocarem a mônada, desencadeiam o processo de criação dos fios luzentes que servirão de matéria-prima para a construção do corpo de luz. E quando os núcleos materiais densos se abrem a essas correntes, eleva-se uma onda de gratidão e oferta que, unida aos fios gerados pela mônada, o fazem surgir.

No caso de um ser que já tenha começado a construção dessa veste interna, ao mesmo tempo em que a sua consciência externa interage com a vida material procurando introduzir nela vibrações supra-humanas, tal veste projeta-se no espaço sideral e, dispondo de sua irradiação, busca distinguir os caminhos cósmicos que o ser deverá trilhar em liberdade.

Às portas dos grupos internos chega o eu superior do indivíduo, a sua alma. Já às portas das escolas internas, que têm sua existência na vida extraplanetária, chega o seu corpo de luz, e, quando o ser as cruza pela primeira vez, recebe um batismo de fogo com potência nunca antes contatada.

A concentração no fogo é a senda para a imaterialidade, é o mergulho no imponderável. As construções que se erigem pela ação dos grupos e escolas internas têm como base o poder da focalização no fogo. É o fogo que faz surgir o vórtice central do qual brotará a forma.

O homem resgatável está transcendendo os limites de sua antiga constituição. Um ser humano, em sua totalidade, assim como todos os seres que fazem parte da vida cósmica, é composto de vários núcleos, cada qual vibrando em determinada faixa de energia, e essa transcendência decorre do fato de o nível de focalização de sua consciência estar se elevando. Quanto mais elevada for tal focalização, maior poder de irradiação ele terá.

A astrologia atual reconhece apenas a interação de correntes energéticas muito densas, basicamente as materiais. Existem, porém, inter-relacionamentos sutis fundamentais para a evolução supra-humana. Para que a consciência de um ser possa interagir com as leis básicas desses relacionamentos, ela deve já ter transcendido a evolução humana. Por isso, a nova astrologia só emergirá plenamente no ciclo futuro da Terra. Pode-se ter hoje vislumbres do que ela será, porém sua revelação completa depende de transformações energéticas na órbita terrestre, transformações que só se realizarão nos momentos finais desta transição planetária.

Por que te debates tentando exterminar as forças que te acossam? Não sabes que uma só fagulha do fogo é capaz de dissipá-las?

Entrega-te ao fogo, e ele fará por ti o que não podes fazer.

* * *

O Verbo utiliza a palavra para canalizar os fogos do universo. O discípulo deve penetrar o silêncio para nele encontrar a essência do som. A criação nos universos materiais decorre sempre de um som primordial, manifestação da energia dos signos cósmicos e suas Fraternidades internas. Ao introduzir-se no mar de substância de um plano de existência, a energia que sintetiza os padrões a serem manifestados é induzida a vibrar intensamente, porém é uma vibração conduzida por núcleos inteligentes. Tal vibração cria nesse mar de substância o molde sutil das formas que devem materializar-se. Essa energia é a semente da existência. Ela sempre provém de planos onde o fogo expressa aspectos imateriais ou radiativos. A introdução dessa energia-semente na vida concreta tem sido realizada pela Hierarquia e seus colaboradores, basicamente seres que têm contato com os Espelhos do Cosmos. A aproximação aos signos celestiais, que são núcleos infinitos e não constelações, é auxiliada pelo trabalho dos Espelhos. Véus estão sendo dissipados para que a humanidade reconheça a potência e a grandeza do que a atrai para passos internos.

> *Antes de proferir uma palavra, mergulha na essência do que deve ser transmitido e verás o entendimento abrir caminho para a clareza. O fogo que arde nas piras do mundo cósmico vem abrasar a essência dos resolutos e transformar suas palavras em flamas que possam atear incêndios de luz e verdade, extinguindo a obscuridade que cega esta civilização.*

Entrando em harmonia com níveis superiores de vida, os indivíduos transformam-se em peregrinos de caminhos mais sutis. Descobrem, então, que é possível o relacionamento claro (do ponto de vista interno) com energias ligadas às Hierarquias e evoluções paralelas à humana. Descobrem também que existe uma porta de comunicação entre reinos diferentes, e que seus representantes estão entre os homens, isto é, podem percebê-los e podem ajudá-los. É preciso reconhecer essas aberturas e por elas destemidamente ingressar.

Para a luz de Samana[1] converge o desenvolvimento da consciência planetária. Sua coligação com signos cósmicos imateriais intensifica os avanços. Para que a Terra tenha seu representante em confederações intergaláticas, é preciso que a consciência que a rege alcance a onipotência, a supremacia sobre forças dos níveis materiais. A fim de que isso se consume, a energia desses signos cósmicos une-se à essência da vida terrestre.

O poder criador entrelaça fios de luz e molda os receptáculos da vida nascente. O destino da presente raça humana é encontrar o caminho do contínuo renascimento. A simplicidade vela o segredo da eternidade, bastando que a consciência se disponha irrestritamente ao eterno. A luz dos signos vem eliminar a temporalidade, as ilusões formais, o evanescente e o secular, pois não se podem conter mananciais infinitos em pequenos cântaros. A energia do novo tempo é um oceano ardente e total, e não porções do campo da energia.

Toda matéria pode transformar-se, e aí se encontra um dos trabalhos do homem junto ao Plano Evolutivo. Assim como o conteúdo de um diamante pode tornar-se solúvel, conforme experimentaram seres humanos em vivências intrater-

---

[1] **Samana**. Entidade sublime que impulsiona a evolução das consciências neste planeta e rege o processo de redenção da Terra. Está especialmente ligada ao Segundo Raio Cósmico, e atua a partir de âmbitos extraplanetários.

renas[2], podem-se converter as forças de um indivíduo em correntes de energia pura que possibilitem a criação de formas mais avançadas. Desse ponto de vista, quanto mais avançada é uma forma, mais ela pode irradiar a energia do ser interior e mais perfeitamente pode transmutar sua própria situação.

À humanidade cabe a manutenção da sintonia com a luz; aos Espelhos cabe captar os padrões que essa luz traz à vida manifestada. Um ser-espelho tem de reafirmar a palavra e fazê-lo na fé, pois não lhe será dada a compreensão dela até que a manifestação da obra esteja isenta dos perigos de desvirtuamento. Quando ele está a serviço da manifestação de raças futuras, sua essência é imersa num mar de vibrações que qualificam a raça vindoura. Um ser-espelho é um amplificador de energia e de vibrações; intensifica-as a ponto de poderem alcançar esferas distantes.

A vida preexiste à manifestação das formas. O ser-espelho lida com a percepção dessa vida preexistente, revelando-a às consciências que devem materializá-la nos níveis indicados pela Lei. O ser-espelho é instrumento da revelação. Na etapa atual da Terra, cabe a ele criar bases para que a luz dos signos possa ser recebida pelos níveis planetários mais densos. A fim de que isso ocorra, uma energia de irradiação sutilizadora o envolve, estando ele em serviço.

Um ser-espelho consagra-se como mônada e, dos que estão em formação, alguns já conseguiram colocar seus veículos a serviço, disponíveis ao cumprimento da tarefa — a Hierarquia prepara para isso a mônada, que por sua vez prepara os corpos inframonádicos. Todavia, embora alguns se-

---

2 Vide as experiências do grupo telepático siberiano citado em A WORLD WITHIN A WORLD, livro publicado na Inglaterra em 1979.

res internamente saibam que a tarefa é seu elo de aproximação aos signos e aos caminhos cósmicos, a clareza que chegaram a atingir não é suficiente para sustentá-los numa contínua abertura ao inesperado.

É insignificante a atuação de um ser-espelho, se sua consciência se limita ao que se passa em âmbitos circunscritos à humanidade terrestre. Serve-lhe como preparo, mas seu verdadeiro trabalho se iniciará quando sua tela de contato estiver pronta para interagir com signos cósmicos imateriais. Antes disso, o que se passa é uma intermediação de correntes de energias planetárias, muitas vezes mescladas com vibrações densas e interferências do seu próprio canal de contato.

O poder da afirmação do sagrado é conhecido por um ser-espelho. A decisão dissolve estados de inércia e é o impulso à ascensão. A Hierarquia Ashtar[3] tem nos seres-espelho o principal meio de incidência da energia iniciática sobre as mônadas, daí seu importante papel na formação deles. Porém, quando a um ser-espelho é chegado o momento de assumir tarefas cósmicas, também outras fontes de instrução passam a operar diretamente sobre ele.

Harmonia, equilíbrio e silêncio são qualidades fundamentais na aura de um ser-espelho. Sua sintonia define o diapasão ao qual parcelas da humanidade gradativamente se afinam. É básico manter a consciência focalizada em níveis transcendentes. Isso determina a pureza da tela de contato de um ser-espelho; a identificação com parâmetros materiais restringe a graus mínimos sua possibilidade de serviço. Os signos cósmicos chamam a consciência para além, mas

---

[3] **Hierarquia Asthar**. Consciências da Hierarquia planetária que, de modo especial, estão vinculadas à instrução e à formação interna dos seres que evoluem na Terra.

deve haver abertura para que se possa escutar esse clamor extremamente sutil e profundo.

Um ser-espelho deve conhecer o amor-sabedoria[4] para que possa aglutinar os fogos. A capacidade atrativa é intensificada em seus níveis internos para que sua consciência possa contar com os elementos necessários à realização da tarefa. O substrato do cosmos é um grande Espelho, em si é um signo cuja singularidade é refletir todos os demais. Por isso, a adaptabilidade é uma característica necessária aos seres-espelho, bem como a capacidade de refletir o imaterial.

---

4 Sabedoria é a contraparte superior da energia do Segundo Raio, ainda desconhecida da humanidade em geral.

O coração da Terra e a pulsação cósmica

A clareza da energia de Anu Tea trará à nova vida um relacionamento elevado com os movimentos cósmicos. A instrução sobre a ciência que corresponderá à astrologia é uma das tarefas desse centro. Em seu Espelho maior, mostram-se traçadas a vida celeste e sua influência sobre o curso da vida planetária.

Anu Tea vela o segredo do relógio solar. Mianuk, Hierarquia coligada a esse centro, é o Senhor dos Ciclos. Indica que a vida divina está em via de existir na face da Terra. Quando as batidas do coração da Terra entram em ressonância com a pulsação cósmica, a vida divina, como uma torrente infinita, verte-se sobre este pequeno universo. Os guardiães alargam o canal para seu fluxo, e cada ser o recebe na medida em que seu próprio ritmo de aspiração se funde na dinâmica interior do cosmos.

Anu Tea é para o homem a divinização do conhecimento. É o sagrado revelado por meio da ascensão da mente. É o encontro com a sabedoria dos arquivos cósmicos. É o acervo das setas de luz para o caminho.

Do mesmo modo que diferentes combinações de substâncias geram produtos diversos, as diferentes disposições dos corpos celestes determinam caminhos diversos na vida cósmica. Os homens conseguiram perceber algumas influências materiais decorrentes de interações cósmicas, porém não penetraram a essência de leis mais profundas, nem chegaram a perceber o relacionamento de energias e vidas em níveis internos. É preciso que a vida de superfície alcance expressões mais elevadas para que possa estar em contato com outras leis.

Para do chumbo retirar ouro, o alquimista não lida com a matéria inerte; seus instrumentos são energia e consciência.

No âmago de cada partícula encontra-se guardada a chave da vida divina. Entre muitos, três caminhos destacamse para se chegar a ela:

- o caminho da vontade, no qual só a meta existe, e tudo o que não leva à meta é repelido pelo peregrino;

- o caminho do amor, no qual o peregrino ascende pela sucessiva inclusão de estados elevados em sua consciência;

- o caminho do serviço, que, por meio da total doação, desperta as virtudes decorrentes do auto-esquecimento, levando o peregrino a acercar-se da luz divina.

Apesar de vários serem os caminhos que conduzem à vida divina, em sua essência ela é síntese. E como síntese, impulsiona tudo à integração.

A paz dos níveis materiais é fruto também da ausência de envolvimento com as forças que neles habitam e evoluem. Por isso, a energia de Anu Tea provoca no homem a desidentificação com as correntes mentais, contribuindo assim para a cura desses tão conturbados níveis.

A vida cósmica atrai a consciência; desperta-a para o contato com mundos distantes. Convida-a a ingressar em trilhas desconhecidas, leva-a a reconhecer a necessidade de expansão e alarga suas fronteiras.

Ao elevar-se, a potência interior do fogo de Anu Tea atua principalmente em dois níveis distintos da superfície deste planeta:

- na faixa de energia que compreende a existência humana, colaborando para a dissolução da ilusão da mente, o que permitirá a redução dos conflitos que se passam nesse nível;

- no reino animal, coordenando a evolução desse reino e preparando a individualização dos espécimes que chegam a graus de percepção da luz que permitam tal cometimento.

Quando a energia divina passa a fluir por intermédio de um ser, ele compreende o correto relacionamento com os reinos da Natureza. Na consciência divina está a sabedoria da comunicação entre as várias manifestações da vida una.

A vida divina promove o contato com o Supremo. Ela tem suas bases firmadas nos níveis profundos do ser e, analogamente, é uma das características das civilizações que habitam os níveis internos do planeta.

Poderíamos estranhar o fato de esta humanidade ter chegado a tocar o solo de outro corpo celeste e ainda não estar ciente do que existe nos níveis internos de seu próprio planeta. Entretanto, isso revela a imaturidade dos homens, que tendem a buscar fora o que está dentro de si mesmos. Quando contatarem certos estados vibratórios internos, muitas realizações hoje impraticáveis serão mera decorrência da energia desses estados.

Há uma lei, ainda desconhecida desta humanidade, que determina as possibilidades de expansão da consciência dos indivíduos. Essa mesma lei delimita o âmbito de atuação externa e interna de cada reino em um universo. As decisões tomadas pela Hierarquia planetária e pela Irmandade Cósmica, por volta do ano de 1952, provocaram o alargamento do chamado "círculo-não-se-passa" da Terra. Assim, o homem conseguiu transpor os limites desta órbita, mas a percepção da vida nesses âmbitos mais vastos permanece inacessível para ele. A reversão desse bloqueio advirá da ampliação da sua consciência aos níveis espirituais.

O montante de energia que pelas Hierarquias é empregado na preparação da consciência dos homens para participar de esferas de existência mais amplas é incalculável. O estado energético da humanidade deste planeta, na conjuntura do sistema solar e do cosmos em geral, assemelha-se ao de uma criança sem senso de responsabilidade que precisa transcender certos hábitos para conviver com os irmãos. As Hierarquias não medem esforços para proporcionar a cada um as melhores oportunidades de amadurecimento.

A mente humana chegou a um estágio tal que uma das provas pelas quais o peregrino tem de passar é a de manter-se calado, mesmo quando percebe que a verdade estaria mais claramente manifestada se outras fossem as opções desta humanidade. A implantação da vida divina não se realiza enquanto o ser não adquire determinado domínio do uso da palavra. A transmutação e a elevação de energias instintivas estão diretamente ligadas ao uso da palavra. Ao nos referirmos à palavra estamos abrangendo também as que não são verbalizadas, mas chegam a ser formuladas mentalmente.

Anu Tea desperta o amor ao silêncio. É no silêncio que a paz se instala. É ele que prepara o berço para a emersão do espírito. É também ele que traz, do novelo do Criador, os fios de luz para tecer as vestes sublimes com as quais o ser penetra nos níveis internos. O silêncio é uma necessidade. O homem ainda não percebeu quão atuante é a emissão de ondas sonoras, e não sabe selecioná-las. O desequilíbrio do plano mental é intensificado por elas.

Segundo Anu Tea, para a vida divina manifestar-se na existência do homem nos níveis concretos, é preciso que a mente dele seja permeada por energias sublimes e que as absorva. Como poderia aproximar-se da vida em um mundo que já transcendeu regras mentais, se ainda não conseguiu manter a vida de seus corpos dentro dos padrões definidos pelas leis sagradas? Pode viver num ambiente puro sem maculá-lo? É preciso que tenha humildade para reconhecer em que ponto se encontra. Mas só humildade não é suficiente. É preciso, igualmente, ousadia para transcender esse ponto.

O fogo de Anu Tea age também no consciente dos homens e, por sua essência sagrada, indica-lhes os meios de elevação. Quando o fulgor desse fogo se esparge e permeia a humanidade, revela-lhe suas relações com o universo, a analogia entre o microcosmos e o macrocosmos, e estimula o surgimento de uma unidade mental entre os homens.

Trabalhando na elevação da mente humana, Anu Tea atua indiretamente na conscientização do uso do som. Uma palavra é um concentrado de energia lançado nos éteres. Não são necessários exemplos abstratos para perceber alguns dos seus efeitos; basta reconhecer o que em cada um é despertado por uma palavra emitida com uma energia elevada, e o que é causado por outra, agressiva.

A vida divina traz luz à mente. Não resiste nem impõe; por ser infinita e absoluta, é acolhida sem lutas. A vida divina consagra o homem. É compaixão manifestada.

* * *

— *Acreditas que entre as escórias encontrarás alguns salváveis? Tens fé em que mesmo os que arrastam correntes presas aos pés voarão um dia às estrelas?*

— *Sim.*

— *Podes, então, participar dessa tarefa.*

Ciente de que fora conduzido ao porto que o esperava, o peregrino percorreu o trecho que o separava do grupo junto ao qual operaria naquele sagrado momento para o universo.

Reconhecia estar, enfim, entre irmãos. Porém nenhuma palavra, nenhuma saudação surgia de seus lábios. Todo o seu ser mergulhara no silêncio que ali reinava. Um silêncio pleno de sabedoria, e cuja profunda paz permitia que o amor o instruísse interiormente.

Sabia não contar com instrutores externos para conduzi-lo ao que lhe caberia realizar. Estava ingressando numa escola em que alunos e mestres revelam nuanças de uma mesma verdade. Orientações provinham de níveis ainda pouco desbravados, porém infinitamente conhecidos por jamais se terem ausentado de sua existência.

Ao encontro da vida divina

Uma construção não é feita repentinamente. Primeiro prepara-se o terreno e cavam-se as fundações. Pega-se a areia, adicionam-se-lhe o cimento e a água, obtendo-se a massa. Pedra por pedra é colocada e firmada. Ao se erguerem as paredes, os tijolos são cuidadosamente assentados. Cada um que se acrescenta precisa alinhar-se com todo o conjunto. A ascensão da consciência é feita do mesmo modo, gradualmente, e para que possa refletir-se com clareza na vida externa deve ser continuamente cultivada.

O parâmetro que indica o amadurecimento do ser é sua conduta na vida diária. Seu campo de aprendizado e serviço é a lida rotineira, o trabalho e o contato com o que o circunda. Os momentos de silêncio, de recolhimento, de mergulho no próprio ser interno agem imperceptivelmente, possibilitando que sua vida se eleve em vibração.

A vida divina é um estado interno, próprio de civilizações intraterrenas e suprafísicas. Entretanto, sua energia deve estar impressa, materializada em todos os níveis de consciência do ser e, no futuro, do planeta. Uma das principais metas da evolução é levar o indivíduo a manifestar a vida divina onde quer que ele se encontre.

A vida divina não é objeto de idolatria, mas uma realização a ser assumida pelos homens da superfície da Terra em cada ação diária. A oração, o estudo de leis espirituais e a interiorização de pouco adiantam, se não há a predisposição, sem reservas, para superar os aspectos retrógrados arraigados na consciência. Tais aspectos, próprios da vida normal de superfície, já foram transcendidos nos níveis sutis dos mundos intraterrenos, e os seres que nesses mundos evoluem compõem um patamar superior dentro da vida-humanidade.

Quando um indivíduo, que tem um ritmo de vida circunscrito aos parâmetros normais desta civilização, alcança estágios que requerem consonância entre as leis espirituais a ele reveladas e sua vida externa, inevitavelmente surgem conflitos. A evolução faz-se por atualizações contínuas.

A vida divina é um estado que exprime imparcialidade e impassibilidade. Entretanto, a penetração de sua energia na vida material — como está agora ocorrendo — desencadeia uma série de ajustes, pois a matéria tende à inércia e a existência real é autotransformadora, adequando-se permanentemente aos desígnios da lei evolutiva.

A vida divina não propala superioridade; antes, procura compreender a todos e, por meio da sabedoria e do amor, indica-lhes os caminhos sagrados, caminhos que levam à evolução imaterial. Aquele que é tocado pela vida divina não julga nem se vangloria. Entrega-se à humildade, pois a altivez é filha do engano.

O despertar de estados divinos é silencioso. Estimula a reverência, o rigor e a sobriedade, porém inunda o ser de uma doçura e paz básicas para que possa servir aos irmãos. Como pode um ser reclamar o encontro interno, se ainda não consegue conviver harmoniosamente com os semelhantes?

Existem gradações na manifestação da vida evolutiva, que tende à sutilização, nesta humanidade de superfície:

- A vida humana, que tem o ego como núcleo condutor de sua manifestação. Nesta, um erro é como uma válvula que restringe o fluxo da energia que se verte sobre o indivíduo; uma revolta e um ressentimento bloqueiam a manifestação da vida divina. É preciso obediência e serenidade. Resistir ao que se sabe ser correto é um desvio maior do que perpetuar a ignorância.

- A vida de aspiração, que compreende a fase em que a consciência busca estar focalizada no nível da alma. Para chegar a conhecer a própria realidade interna, é preciso que o homem aprenda a estar consigo mesmo e que encontre a essência da solidão.

  Um indivíduo está pronto para viver equilibradamente quando é capaz de permanecer em harmonia com o seu próprio ser, quando estar só não o assusta. A solidão autêntica é um estado de desligamento dos vínculos que tolhem a ascensão da consciência, sem o que a liberdade não é alcançada.

  A descoberta da solidão é fundamental para que o ser consiga penetrar a essência da vida divina, na qual se encontram aspectos profundos da união que, para serem conhecidos, exigem dele prontidão para superar seus conceitos sobre relacionamentos com os semelhantes, por sublimes que sejam esses relacionamentos.

- A vida de serviço, na qual a energia interna permeia o ser de tal modo que ele é capaz de esquecer-se de si mesmo. Assim, começa a glorificação e a divinização da sua própria energia e, por irradiação, de tudo o que ele contata. À medida que cada ser percebe claramente sua tarefa interna, certas faixas de energia podem plasmar-se na vida planetária. Como cordas de uma harpa, cada uma dessas faixas tem sua vibração característica. A harmonia de uma música surge da correta disposição das notas, mas, para que possa ser ouvida, os instrumentos têm de estar preparados.

- A vida divina, estágio no qual o ser já não busca aprendizado, nem serviço para sua evolução ou de outrem, é uma manifestação viva da Lei. É a energia pura em ação.

  A vida divina ensina pelo exemplo e não por palavras que não se confirmem em atos. Nada pretende. Como flor singela, desabrocha fortalecida pelo correto aproveitamento do que lhe está disponível.

Com que contribuiria ao planeta um ser que fosse senhor de grande sabedoria, mas que a usasse em prol de si mesmo? Uma das regras a serem seguidas para a evolução espiritual foi, é e sempre será o auto-esquecimento — que é progressivo.

A mesma tendência que leva o ser a ambicionar reconhecimento, posição e prestígio leva-o a sentir certo gosto em padecer as próprias dores e justificar as próprias fraquezas. Esse é um grau de ilusão primário, que deve ser conscientemente repelido. Deve-se olhar com reservas uma filosofia que assegure ao homem a libertação sem indicar-lhe que, para alcançá-la, é preciso transcender *a grande prisão*: o ego e seus apegos.

A energia divina manifestada no passado em âmbitos restritos, seletos, bate hoje à porta de todos. É preciso disposição para acolhê-la. De Miz Tli Tlan, a mais elevada civilização deste planeta, ergue-se a chama da vida divina. Percorre os invisíveis canais dos demais centros internos do planeta. É neles aprimorada pela vibração que os qualifica, para penetrar em seguida a matéria, estimulando-a à ascensão.

A vida divina não tem pátria. Não tem origem conhecida, nem um fim a alcançar. É a realização plena do ser. É o júbilo da criação manifestado na existência material cósmica. É o prenúncio do encontro maior.

A descoberta do divino está mais próxima do simples do que do orgulhoso. O homem poderá ver neste mundo outro mundo, quando se dispuser a viver a simplicidade.

Não são necessários programas, circunstâncias especiais ou condições difíceis de serem alcançadas para que a vida se torne uma expressão divina. O divino está no belo, no harmonioso, no simples e no singelo. Está nas coisas pequenas ou grandes feitas com a pura intenção de servir.

* * *

Certo indivíduo, vivendo um período de intensos conflitos, percebeu em dado instante a aproximação de uma presença interna. Estava tão envolvido com sua própria dor que não conseguiu reconhecer de imediato a energia que procurava ajudá-lo. Foi quando ouviu, dentro de si, o seguinte: "Ninguém chega ao Pai senão por Mim. A mim vieste, ao teu encontro venho. Quando perderes o interesse pelo mundo, encontrarás o verdadeiro serviço."

Compreendeu então, naquele momento, a importância da desilusão, de viver serenamente o que os dias trazem, sabendo aonde chegar mas sem querer construir com as próprias mãos os meios para alcançar o desenvolvimento almejado.

Aquele que um dia cruzou o vosso caminho voltará inúmeras vezes a cruzá-lo, até que chegueis à última Morada.

Possa cada encontro ser um avanço.

Revendo princípios básicos

Para que padrões de conduta elevados pudessem ser introduzidos na vida humana da superfície da Terra, a Hierarquia enviou e inspirou o que se chama "os legisladores". As leis espirituais e cósmicas são como raios que partem da luz, demarcando os caminhos para se chegar a ela. A fim de que haja união interna com essas leis e de que se expressem tais padrões de conduta, é preciso desapego de estruturas comprometidas com forças do ego. Como pode um homem espelhar o nível divino, estando sua própria aura encoberta pelo apego a vivências pessoais?

A vida que transcorre no silêncio do espaço sideral, sem ponto algum onde se aportar, é mais sábia do que a do indivíduo que, tendo todas as condições para materializar o nível divino, prefere manter-se preso a estados infrutíferos em lugar de deixar belos campos germinarem.

Quando um raio de luz estelar toca o solo deste planeta, traz consigo uma energia específica. A luz é pura vibração, em qualquer faixa energética em que se manifeste. Há nos olhos de cada ser uma luz inexplicável, cujo brilho e penetração são tanto maiores quanto menos forem as máculas que turvem a radiância do espírito que por ela se revela. O homem precisa não resistir à emersão dessa luz interna. Abrindo-se a ela, será transformado e elevado, e transformará e elevará o que o circunda. Isso, por si só, é uma realização de imenso valor; porém, ainda mais abrangentes e sublimes são as possibilidades que se apresentam à vida planetária quando os seres que nela evoluem dão esse passo.

Até quando será preciso indicar e repetir preceitos sagrados para que eles sejam manifestados pelos homens? Observando sem envolvimentos a situação da humanidade, constata-se o fato quase inacreditável de que ela ainda opta por reafirmar estágios primitivos e danosos para si mesma. Isso é não só erro, mas teimosia e ignorância.

As vibrações de níveis superiores têm freqüência muito mais ampla do que as que circulam nos mundos formais. Por isso, torna-se-lhes fácil percorrer grandes faixas de energia. Essa maior freqüência é fruto da serenidade imanente a esses níveis. Para contatá-los é necessário, pois, que o homem seja brando, mas não displicente. A contínua vigilância é uma porta para a onisciência.

O que determina a aproximação de um ser às realidades internas, supra-humanas, é a vibração por ele emanada. Raríssimos são os casos em que a vida divina se revela a quem esteja envolvido com forças grosseiras, comuns aos estágios iniciais da evolução.

A vida divina não se manifesta entre os homens para que os que a atingem sejam admirados. Mostra-se sem reserva em alguns, a fim de que os demais, vendo-a, possam tê-la como algo que não está distante, e que os chama a integrar-se à sua energia.

A vida divina é amor de suavidade infinita, mas é também vontade e determinação resolutas. Pode emergir quando há clareza sobre a meta. Tendo o equilíbrio como qualidade imanente, não deve ser confundida com expressões sentimentais que não passam dos níveis inferiores.

Para ingressar em estágios divinos é preciso redescobrir o esquecimento — vê-lo como uma ferramenta de transcendência. A vida divina é eternidade, e por isso pode tão perfeitamente trazer a inspiração da atitude mais correta para cada momento.

Só uma entrega incondicional abre os caminhos que se mantinham inacessíveis à consciência. Que pode ser mais caro a um indivíduo do que elevar sua própria vida ao padrão que ela deve manifestar? É importante, por isso, perguntarmo-nos que será que existe em tantos lares deste planeta que impede a vida divina de neles penetrar. É preciso também aprendermos a ver com frieza nossos próprios apegos e, sem precipitação ou imaturidade, alcançarmos internamente uma liberdade tal que permita à Lei dispor de nós onde formos mais necessários.

Uma enorme distância existe entre uma atitude resignada, na qual se espera algo, e a entrega. Numa há acomodação; noutra, uma dinâmica interior que tem a potência de romper os obstáculos que tolhem o contato com a luz. Assim, o indivíduo não é totalmente verdadeiro ao dizer que algo está entregue, quando mantém em volta desse *algo* qualquer expectativa. A entrega não se firma em votos internos parciais. Ainda que estes sejam aceitos pelos mundos suprafísicos para que a consciência possa ir evoluindo, que o ser não se iluda pensando que está entregue, se ainda tem planos e idéias acerca de seus futuros dias...

Não é a abstração da realidade imediata que rompe os véus que separam o ser dos mundos sublimes. A correta concentração na necessidade da vida que o cerca é um meio eficaz de chegar à vida divina. É na simplicidade que a energia divina permite, a quem vive imbuído nessa energia, estar diante de qualquer circunstância sem perder o equilíbrio e a clareza. Enfim, a aproximação à energia divina é fundamental para que os seres puros desta humanidade possam estar em harmonia mesmo diante do mais completo caos externo.

O contato com a energia divina significa a penetração em esferas habitadas por excelsas consciências. É a meta de muitos universos existentes, tanto nos níveis intraterrenos quanto nos níveis extraplanetários. A vida divina é cósmica; está além do âmbito das mônadas e, portanto, transcende os limites dos seres da Terra. No entanto, com sua humildade, acerca-se dos que aspiram a encontrá-la.

O contato com a energia divina passa por estágios bem demarcados, e alguns têm peculiaridades interessantes:

- A princípio, por não se ter uma união efetiva com essa energia, estabelecem-se normas e regras para que se possa alcançá-la, criam-se ilusões e mitos a seu respeito. É um período de controvérsias e desencontros.

- Quando essa energia já se apresenta claramente na consciência, é como água límpida que purifica tudo o que toca. Simplifica, pacifica, sereniza, dissolve ilusões, revela a liberdade, eleva e, acima de tudo, põe no coração do ser um amor infinito, para que o possa distribuir com sabedoria em prol da evolução da vida.

Mesmo sendo inerente à existência material a tendência de induzir conflitos, quando a consciência está em processo de união com níveis imaculados, ela deve rejeitar o envolvimento em contendas. Todavia, como fazê-lo? É simples:

basta dizer não. O problema surge quando o ser ainda não se definiu completamente pela vida espiritual, quando ainda não tem nela as suas prioridades. Nesse caso, o conflito se perpetua até que a consciência se defina. Por exemplo, numa situação em que, para se evitar conflito, o indivíduo tenha de renunciar a idéias, afetos ou coisas, se não for firme na prática da renúncia, não se livrará das lutas. Também é bom advertir que uma renúncia sem a verdadeira soltura interna o mantém preso à necessidade de reajustes no nível em que os conflitos existem, ou seja, enquanto o desapego ainda não for pleno, terá de passar repetidas vezes por situações semelhantes, até que o *nó* se desate.

É evidente que, se o peregrino fica olhando os passos dados, vai se perder na trilha. Que ele tenha gratidão pelo passado mas, principalmente, que o esqueça.

É preciso gratidão por aquilo que o espírito desperta em cada ser. Mas é preciso também reverência ao espírito que neles habita. Uma união plena e impessoal emerge dessa postura. A vida cósmica é consciência da unidade e, nesta etapa da evolução da Terra, pode revelar-se especialmente numa autêntica vida grupal. Um grupo reúne miríades de tons que, juntos, devem soar a música para ele designada. Assim, cada indivíduo deve saber que o outro tem a qualidade que em si não está desenvolvida.

Um trabalho espiritual autêntico não teme correntes opositoras; entretanto, nega-se a alimentar confrontos ou debates. Não se firma por meio de argumentações ou justificativas. Se é genuinamente espiritual, tem a mente como instrumento e não como detentora de seus parâmetros. Por isso, empenha-se por fornecer condições para que a consciência possa ir além dos níveis pessoais.

Aqueles que estão cientes da necessidade atual não

devem deixar sua energia esvair-se em discussões nem se desviar da aspiração de seus núcleos internos. É preciso que tenham coragem de assumir uma vida divina, liberta desses movimentos instáveis.

* * *

Certa vez Nicolás, usando uma alegoria, revelou-nos que, guardando as passagens para a vida intraterrena, há um dragão de três olhos: um deles vê a volúpia e a ambição, o outro vê o egoísmo, e o terceiro vê o apego à vida material. Aqueles que tentam cruzar essas passagens carregando algumas dessas tendências são prontamente reconhecidos e impedidos de avançar.

Disse-nos também que às portas do cosmos chegam os que conseguem entrar na consciência intraterrena, e por conseguinte não podem trazer consigo essas escusas bagagens. Os guardiães de seus portais têm, como o das passagens intraterrenas, três olhos: um vê o desejo de ser bom, o outro vê o enlevo pelas realizações espirituais, e o terceiro vê as máculas que turvam a luz interna do espírito. Se tais aspectos estão ativos no peregrino que busca a vida cósmica, os guardiães os usam para confundi-lo e levá-lo às aprendizagens pelas quais tem de passar.

Diferentes gradações de energia, portanto, têm de ser alcançadas para se penetrarem âmbitos intraterrenos ou para se ingressar na vida cósmica. A qualidade vibratória da alma é suficiente para os primeiros contatos, mas para avanços maiores é preciso um estado de consciência mais elevado, que transcenda a necessidade de realização pessoal e que já tenha incorporado em si o desenvolvimento da unidade grupal, que a vida da alma proporciona.

Parte III

O despontar da nova instrução

O trabalho agora é criar pontes que possam tirar a existência terrena do isolamento e primitivismo em que ela se colocou.

A Instrução

O princípio da Instrução não é dar soluções prontas ao buscador, mas levá-lo a descobri-las. Desafios vencidos fortalecem-no interiormente e possibilitam à realidade emergir. Por isso, as cordas dos instrumentos têm de ser mantidas na correta tensão. A correta tensão é única, exata. Ao avançar, as margens de erro de um ser reduzem-se, porém a verdadeira comunhão com a Hierarquia somente se estabelece quando essa margem se torna mínima.

* * *

O enlevo frente à ação da Hierarquia é ainda um enlevo. Segundo a Instrução, a sobriedade traz ares que sempre tornam mais límpida a superfície dos lagos. O movimento das águas reflete o estado emocional da humanidade. Os níveis densos necessitam de paz, de elevação, de que se deixe de enfocar a atenção sobre eles. Assim, por amor, o discípulo deve abster-se de estimulá-los.

* * *

O magnetismo do som está sendo reajustado. As transformações não decorrem das palavras, mas do conjunto global de energias que elas canalizam. Por isso, a Instrução indica ao discípulo a serenidade diante do incompreensível. O que é necessário é o reconhecimento da pulsação trazida por um texto. A consciência sintoniza-se com essa pulsação; a ela se ajusta, por meio dela trafega rumo à fonte que a emite. Assim, a vibração de mundos infinitamente distantes torna-se próxima.

* * *

A Hierarquia é a fonte de Instrução do ser, as provas são meios de efetivação de passos corretos. A Instrução não é proselitismo; visa à plena unificação do indivíduo com fogos transcendentes. Tem como meta formar seres que, como chispas ardentes, irradiem a luz de mundos internos.

* * *

O desejo de saber tem de ser suplantado pela aspiração de ser. A fagulha que dá partida ao fogo não nasce nos mundos do conhecimento: é dádiva da essência. A Instrução não vem trazer informações intelectuais à humanidade. A Instrução talha a insígnia suprema no cerne do homem. Do diamante do Iniciador flui o padrão a ser implantado. A Instrução é a revelação da supra-existência.

* * *

A bondade é uma qualidade individual, mas deve-se

estar atento para que, na tentativa de exprimi-la, a consciência não deixe de tomar atitudes que humanamente pareçam duras. Para o espírito não há diferença entre uma atitude suave e uma atitude dura, importa que supra a real necessidade apresentada por uma situação. Por isso, a partir de certo estágio de clareza, o indivíduo não deve aspirar a ser nada, mas apenas a cumprir o papel que lhe cabe. Se quiser ser suave, não saberá ser tão firme quanto preciso, nem encontrará a energia requerida para dissolver certos nódulos negativos. Por outro lado, se quiser ser firme, deixará de ter a necessária suavidade. Assim, é numa abertura sem escolhas que encontrará o equilíbrio para realmente servir.

* * *

O alinhamento do ser e a neutralidade equilibram a manifestação dos opostos. Mesmo que a cada instante se tenha de fazer opções, interiormente deve-se manter um estado de abertura à equanimidade. A justiça é simbolizada por um ser de olhos vendados não apenas porque aspectos externos não pesam em seus juízos, mas porque em verdade eles não existem. Para que uma consciência possa ser justa, ela tem de abster-se de identificação e envolvimento com o que se passa na vida externa.

* * *

Os Instrutores não se atêm a particularidades; sua palavra é um vórtice de união. Um músico não é um contemplador de sons fortuitos, é um gerador de acordes. Por isso, ao discípulo é dito: "aperfeiçoa-te no manejo do instrumento". O aprendizado vem de pontos distantes, elevados e vibrantes no interior do ser. À consciência que a eles ascende é revelado o serviço, e para isso deve contar com seus instrumentos já afinados.

* * *

A Hierarquia da Instrução impregna do impulso ascendente os vários caminhos evolutivos. Está presente como um raio unificador no processo evolutivo de toda a existência. Muitos Instrutores que atuam na Terra trasladaram-se de outros esquemas planetários ou de âmbitos cósmicos mais amplos. No passado, a Terra limitava seu intercâmbio principalmente ao sistema solar, e disso decorreu o fato de os antigos darem o nome Ishtar ou Ashtar[1] ao planeta Vênus, do qual se originaram alguns dos Mestres de períodos anteriores.

* * *

A Hierarquia ajusta a intensidade e a potência de seus impulsos ao que cada consciência pode receber. Uma tarefa evolutiva é um padrão a ser continuamente redescoberto, reconhecido, aprofundado e expandido. Que pode ser mais valioso para uma consciência do que encontrar em si o traçado dos caminhos que o Supremo lhe indica? A busca pela luz deve mover a consciência a ponto de ela estar voltada permanentemente para sua radiância.

* * *

---

[1] A Hierarquia Ashtar incumbe-se de transmitir a Instrução aos seres que evoluem na Terra.

A essência desta humanidade invocou um contato com o cosmos, e assim a vida de superfície na Terra pôde ser assegurada. Porém, essa invocação não chegou a tocar os níveis de consciência mais densos da maioria dos homens, embora tenha gerado um vínculo com as energias superiores que já permeavam o planeta. A luz dos signos é infinita. A luz dos homens será infinita, e seus passos já tomam essa direção. Uma chispa do fogo imaterial habita o centro da Terra e o centro de cada ser. Seu calor já afasta o frio que se disseminou pelo mundo. Todavia, sua luz ainda não rasgou os véus da matéria. A Instrução forma o ser; tem como meta a consciência e, portanto, não se ocupa diretamente de estruturas materiais. A Instrução dá indicações, mas não pode realizar o que cabe aos homens. A Instrução traz o fogo, mas a tocha tem de ser erguida por eles. A Instrução mostra-lhes o caminho, mas é por eles que as fronteiras têm de ser cruzadas. A Instrução integra-os ao cosmos, mas as bases da união já devem ter sido construídas. A Instrução traz a eles as chaves da sabedoria, mas compete-lhes encontrar as portas que tais chaves abrem. A Instrução dignifica-os, mas não antes de terem aprendido a grandeza da humildade. A Instrução concede a eternidade aos que, dentre eles, descobriram a paz em todos os tempos.

* * *

Alguns trabalhos da Hierarquia, antes ocultos e reservados, são agora abertamente apresentados aos homens e devem passar a fazer parte da sua vida material. Uma meta da Hierarquia de Instrução é implantar na superfície do planeta a qualidade de vida que é expressa por civilizações mais avançadas, seja da própria Terra, seja do cosmos. Quanto mais se ascende nos níveis de consciência que compõem um universo, mais se penetra o estado de síntese. Assim, nessa jornada que os homens estão sendo estimulados a percorrer, a simplicidade é uma qualidade que não pode faltar. Em todos os níveis ela é o arauto da sabedoria. Somente um ser que aprende a viver com simplicidade descobre a magnificência da abundância. A luz dos signos vem suprir a Terra de uma abundância divina, porém é em si um estado de absoluta simplicidade, pois só na ausência do supérfluo a essência pode revelar-se com pureza.

* * *

A formação dos seres que devem atuar nas diversas linhagens hierárquicas[2] é um trabalho estimulado pela energia de Samana, que contém em si o Raio da Instrução, sob a égide de um signo específico. A ponte entre eles e a Fraternidade de Sirius é estabelecida por sua consciência, porém é também por sua vontade que as luzes de outros signos se descortinam aos que chegam aos portais cósmicos. O destino de cada ser é inescrutável para a mente racional. Ainda assim, seus passos se dirigirão sempre para os signos celestes que apresentem maior similaridade vibratória com sua energia. Os signos celestes são a síntese das energias primordiais que sustêm a Criação.

* * *

A interseção de caminhos na trajetória de um ser é re-

---

[2] Vide PASSOS ATUAIS, do mesmo autor, Editora Pensamento.

gulada pela Hierarquia Ashtar[3]. Ciclos devem ser cumpridos sob a energia de cada um desses caminhos para que ao fim da jornada a síntese possa realizar-se. A humanidade está sendo preparada para vestir seu traje de peregrino das sendas interiores. Várias rotas abrem-se ao indivíduo que ascende à entrada dessas sendas, todavia ele traz no espírito a indicação da que lhe cabe tomar. O trabalho da Hierarquia de Instrução é fazer com que essa indicação seja percebida pelo consciente, estimulando-o a cooperar para que o ser ingresse incondicionalmente nesse veio.

* * *

A Instrução das mônadas ocorre simultaneamente ao serviço que elas prestam. Por meio da Hierarquia Ashtar, foi selado um voto de redenção do planeta, redenção na qual algumas têm de colaborar. O momento planetário não comporta divagações; uma meta está indicada a cada ser, e a luz de Samana revela caminhos infinitos.

---

[3] Vide SINAIS DE CONTATO, do mesmo autor, Editora Pensamento.

A Hierarquia

A lei da Hierarquia dirige a evolução deste universo. Todos os passos na senda ascensional são nela embasados. Desde a organização das tarefas diárias até os votos mais profundos da consciência, tudo deve seguir uma hierarquização para que manifeste a luz. Sem ordem e perfeição na disposição das energias não se penetra na vida divina.

* * *

A Hierarquia prepara concomitantemente vários planos de consciência, mas suas bases estão sempre nos níveis profundos. O sinal é dado onde a essência possa escutá-lo, e daí se propaga segundo a receptividade de cada plano. Às vezes aos mundos materiais chegam somente parcos ecos da verdade, pois a vida concreta manteve-se na Terra tão refratária à Lei, que hoje ela pouco consegue receber das copiosas dádivas que a Irmandade lhe envia.

* * *

Em meio ao caos e à inversão de valores hoje presentes na vida de superfície da Terra, só a sabedoria de consciências libertas pode indicar caminhos corretos. A Hierarquia considera tudo e todos; cada chispa vivente é de importância para a totalidade da existência cósmica. Forma seres para atuar em todos os níveis, porém não faz misturas ou desordens ao posicionar esses seres. O nível correto de atuação é-lhes apontado, a aprendizagem adequada fornecida, a união com a essência estimulada, tudo de acordo com as possibilidades de cada um.

* * *

A luz da Hierarquia não necessita bater às portas da consciência. Ela está sempre presente. Quando o ser desperta para os níveis onde essa luz se mostra sem véus, a compreensão emerge nos seus níveis mentais. Mas até que ela seja percebida, tem-se de caminhar na fé. E depois que ela se revela, tem-se de a ela se consagrar na fé. A fé, e não as comprovações, é a base para que a Instrução interna se aproxime de um ser. Uma revelação é atraída pelo poder da fé. Só a fé assegura o acolhimento da luz pela consciência. Sem a fé não há encontro. A fé desperta outros olhos, e o que era vazio dá-se a conhecer como plenitude. Nem um passo verdadeiro na senda interior e cósmica pode ser dado sem fé.

* * *

Quando a Hierarquia exorta: "liberta-te do passado e volta-te inteiramente para o agora, a fim de construíres o futuro", ela assume o passado do homem. A Hierarquia traz ordem para o emaranhado de fios engendrados pelo homem, emaranhado que o atrasa no palmilhar rumo ao encontro interno. Pacientemente a Hierarquia cria condições para que antigos nós se desfaçam, mas para isso a consciência tem de dar permissão, sem lançar mais fios que agravem o estado em que se encontra. O impulso evolutivo indica o amanhã. O passado é, na verdade, um cadáver conhecido. O renascimento, a redenção e todas as possibilidades de transformação e de mudança do curso de uma vida estão no futuro, porém o futuro é feito no agora. *Para onde teus olhos se voltam a cada instante que vives?*

* * *

O timbre da voz central da Hierarquia é desconhecido. Fala por seus canais, mas jamais mostrou toda a sua potência. Samana é mais que um mistério; é a revelação. Seu fogo mantém-se oculto enquanto a pieguice não dá lugar à clareza. É por sua vontade que a chama arde nos templos invisíveis disseminados por todo o planeta. Em essência, é a projeção de um dos signos celestes nesta órbita. Não nasceu na Terra, nem a ela se limita. Dá-se a conhecer como o toque que abre para a vida terrena as portas do cosmos. É próximo e inatingível. Está presente e não pode ser totalmente conhecido. Como poderia um estreito córrego abarcar o ímpeto de uma torrente? Mas o mesmo elemento encontra-se num e noutro. Do mesmo modo, a energia de Samana distribui-se por todos os rincões, por mais recônditos que sejam. A tudo permeia, eleva e dignifica.

* * *

A consciência de Samana é como um prisma que reparte a luz única nos diversos tons que devem trabalhar a consciência terrestre. É também um transformador que ajusta a potência das vibrações à capacidade do planeta de acolhê-las. Samana intermedeia contatos cósmicos, é um filtro e um tradutor. Tendo como energia imanente o amor cósmico, é capaz de integrar os diversos níveis de consciência que compõem a Terra. Por meio de sua vontade, introduz, nos diferentes planos, feixes energéticos curadores que dissipam as brumas e trazem o fulgor da verdade.

* * *

O manto do Supremo envolve a Terra. Resgata-a das forças do caos.

* * *

Frotas reluzentes mostram-se ao homem e testificam a presença da luz. Não vêm para serem vistas, mas principalmente para criar fendas na aura da Terra que permitam o ingresso da luz, do fogo e do som de mundos distantes. Enquanto a ligação com a Irmandade não se estabelece em um plano da existência, ele permanece limitado em sua evolução.

* * *

A Hierarquia do planeta passa por uma importante iniciação. Na verdade, toda a vida terrestre está sendo iniciada. Com esse passo, o intercâmbio com a vida imaterial não se mostrará como um horizonte longínquo, pois o estágio de

Avatar vem sendo alcançado por um significativo número de consciências que fazem parte da Hierarquia. A faixa de vibração de um Avatar estende-se além dos limites terrestres e, em certas circunstâncias, além dos limites solares. O grau de Adepto é um nível de consciência do âmbito deste planeta.

* * *

Como uma foz de várias vertentes, a Fraternidade de Sirius até hoje acolheu a maioria dos seres que transcenderam os patamares evolutivos deste sistema solar. A etapa cósmica que se instala amplia os contatos internos da consciência solar, e novos rumos são abertos a esses seres — embora a Fraternidade de Sirius continue a ser o veio central para onde se dirigem.

* * *

Sustentando a luz de Sirius existem esferas ainda mais amplas, que mantêm redes energéticas vibrando na sintonia do signo que as carateriza. Assim, a luz de outros mundos distantes delineia-se na aura da Terra, e muitas consciências já estão vibrando na freqüência por ela determinada.

* * *

Os centros planetários, as linhagens hierárquicas e as próprias Hierarquias distribuem-se nas faixas de luz dos signos cósmicos e tornam-se transformadores e irradiadores de sua vibração. Com isso, espontaneamente as energias do planeta estão sendo conduzidas a um padrão e a uma ordem cósmica que em verdade são o que está amparando a sua transição. Não fossem os vínculos que com esses signos se firmaram na Terra, as mudanças internas e externas que nela estão ocorrendo jamais poderiam realizar-se.

* * *

A existência terrestre dirige-se para uma definição de caminhos evolutivos. Os padrões de energia emitidos pelos signos cósmicos revelam-se como linhagens hierárquicas. Cada uma dessas linhagens terá suas diretrizes progressivamente implantadas na humanidade de superfície, traçando assim sendas ascensionais que acolherão os que se voltam para o Supremo e a ele entregam sua vida.

* * *

O despertar das linhagens hierárquicas está relacionado ao amadurecimento dos grupos internos e à sintonia com os núcleos de instrução extraplanetários, as escolas internas deste sistema solar. Em sua consciência Samana cria as possibilidades de a vida humana transcender a si mesma. Por manter-se no Absoluto, é-lhe conferido o controle das energias criadoras. Os desígnios internos de cada linhagem hierárquica na Terra são por ele transmitidos. Os discípulos estão na sua aura. Recebem sua bênção e proteção. A Hierarquia Ashtar unifica-se ao seu alento. Guarda em si a substancialidade da sabedoria. Irradia sobre a Terra a sua luz e estimula o rompimento dos véus de ilusão.

* * *

Como as ondas do mar levam os grãos de areia aos destinos que lhes são apontados, a atuação dos representantes da Irmandade conduz os seres às moradas que os aguardam neste novo ciclo. Nos níveis monádicos, a Hierarquia Ashtar serve como ancoradouro da síntese efetuada por Samana; instrui a essência das mônadas em seu processo de integração aos caminhos cósmicos.

* * *

Erige tua morada no mais alto cume, onde a luz chega primeiro e os ares são plenos de paz e de frescor.

* * *

Em épocas passadas, a Hierarquia Ashtar, que é de origem imaterial, revelou-se como arcanjos, mas ela não se restringe a forma alguma e pode assumir a que for necessária. Teve também como tarefa testificar o divino e estampar na vida concreta os signos que caracterizavam o veio principal da vida solar. Nessa Hierarquia há uma projeção da Fraternidade de Sirius adequada às condições deste planeta.

* * *

À medida que a Hierarquia, como uma rede de difração, define as diversas energias que circulam no planeta e as distingue umas das outras, a consciência de cada ser está sendo convocada a deixar-se absorver na própria vibração interna e a manifestar o padrão energético que lhe corresponde, padrão que guarda a sintonia com sua linhagem hierárquica.

* * *

A Hierarquia cruza a cortina de fogo das fronteiras solares. Supera esses limites não mais como realização de representantes isolados, mas como um todo. Portanto, a vida grupal é inadiável. Esse passo em direção às Fraternidades cósmicas facilitou a manifestação dos signos na esfera terrestre. Os sinais dentro de cada um serão abundantes. Nem a dureza de um cristal pode subsistir incólume à reordenação energética trazida pelos signos.

Impulsos

O exemplo é o principal agente de transformação de padrões na vida planetária. Se a consciência se deixa permear pela luz dos signos, o que ela manifesta tem em si a energia da meta cósmica do homem. Um chamado incessante persiste. É preciso reunir toda a disposição para ir ao seu encontro.

* * *

Até mesmo a matéria densa de um ser em evolução busca, em seu âmago, transcender certos pontos estagnados da sua trajetória evolutiva, pois também os corpos humanos contam com hostes criadoras que os preparam para a ascensão. O apego a estágios alcançados não deve ser maior do que a abertura para prosseguir. Diante de cada realização consumada, é mais útil ao ser exercitar o desapego que se deixar envolver pelo enlevo do conseguimento.

* * *

É extremamente estéril a existência daqueles que se restringem à busca de realização pessoal. A resistência a se abrirem para o espírito faz com que tenham uma permanente necessidade de distrações, de alimentar ilusões e tudo o que em verdade os cega e os afasta da paz interna. É preciso ter compaixão pelos que assim são tomados pela ignorância, mas nunca ser complacente com eles. O exemplo é uma oferta aos que, dentre eles, um dia serão capazes de reconhecer a luz.

* * *

As obras sobre-humanas, de cunho transcendente, que se manifestaram na Terra causam não só admiração, mas transformações internas nos homens que delas se aproximam. Um ser que aspire a colaborar com núcleos que tenham metas sublimes será por meio delas auxiliado a superar a si mesmo. Um trabalho de elevação da própria energia será por ele considerado intenso e árduo só até descobrir que não existe exatamente o que chama de *própria energia*; há, sim, um todo unificado que caminha em direção à luz.

* * *

O amor à Lei, sem obras, é como uma bela árvore, porém infrutífera, que não pode perpetuar os dons com os quais foi agraciada. Se alguém perguntar como se pode chegar à luz, diga-lhe que a ame com todo o ser, inteiramente e sem reservas, mas que traduza sempre em ações positivas o que recebe desse amor.

* * *

Na presente etapa, o Iniciador em âmbito planetário sacrifica sua energia e se introduz nos níveis densos; traz consigo a vibração das esferas celestes. A vida terrena tem de ascender à luz cósmica ou não acompanhará o ritmo dos ciclos. Uma conjuntura especial está formada por representantes das Fraternidades cósmicas para amparar o curso dessa transição global.

* * *

São raras as oportunidades em que a consciência é colocada diante da pura emanação de um veio cósmico. Um só instante nessa comunhão já consuma a meta de uma vida. Os homens, de maneira geral, ainda não reconheceram que sua tarefa é o alinhamento constante com núcleos internos, sem nada esperar em troca. A verdade sobre os mundos formais é percebida por aqueles que se mantêm em oração, respeitam o transcurso dos fatos, mas nestes não põem sua fé.

* * *

Sem ímpeto, o cavaleiro não salta o abismo. A cada iniciação, um grau de ímpeto tem de ser encontrado. As pistas para se achar o primeiro deles estão no cultivo da obediência e da humildade. Não se pode confundir o fogo impulsionador que gera o ímpeto espiritual com o livre-arbítrio ou a prepotência.

* * *

A construção de um universo é fruto da aproximação de uma luz inexaurível à matéria, tirando-a da inércia, vitalizando-a e conferindo às suas partículas o despertar de um movimento transcendente. A consciência dos signos não conhece rotina; cada instante é a efetivação de um renascimento. Seu fogo sempre esculpe novas formas e revela novos tempos.

* * *

Onde há ilusão e apego à matéria, a monotonia espalha-se como a areia nos desertos. É estéril uma existência que não se dirige para as realidades indestrutíveis. Um segundo vivido em união com vertentes internas produz efeitos que perduram por períodos incomensuráveis.

* * *

A dinâmica ativa o pulsar da vida quando a consciência estabelece sintonia com fontes cósmicas irradiantes. Se a vivência de um encontro com Hierarquias Maiores chega ao consciente de um ser, segredos lhe serão desvelados, e em suas mãos colocadas ferramentas mais adequadas para a colaboração na Obra. Nada consegue impor obstáculo à harmonia quando a luz dos signos impregna um universo; por ela toda ação espelha o destino.

* * *

Muitas palavras podem trazer vislumbres da sublimidade dos mundos internos, mas os véus só são realmente transpostos por aqueles que conhecem o valor do silêncio.

* * *

A Lei é irrevogável. O propósito, inconfundível. A luz dos signos, inesgotável. A meta será cumprida pela reverberação da *palavra* já proferida. Sua energia vibra em planos internos e se potencializa. Progressivamente penetra a existência concreta, e a consciência atenta a percebe. Os Espelhos fazem-na circular velozmente pelos éteres. A intensificação da vida e da evolução encontra suporte no trabalho dos Espelhos. São eles que permitem o contínuo ingresso de correntes ígneas nos níveis da existência. Refletem o padrão que lhes foi designado expressar.

* * *

Não há fronteiras nem propriedades na essência de uma revelação. Quem pode fazer-se senhor do eterno? A verdade está além da consciência individual. Conceitos e teorias podem ser atribuídos a um ser, mas a revelação não tem dono, por isso a Instrução conta com instrumentos, com canais, e nunca com proprietários ou doutrinadores.

* * *

Nem todas as passagens da história que é contada em níveis profundos são reveladas, para que a consciência seja estimulada a mergulhar à sua procura.

* * *

Os Raios constituem a base da existência e, no entanto, nenhum comporta em si a completa verdade. Assim a vida é levada a manifestar-se por meio da colaboração de energias.

Do mesmo modo, os signos e as linhagens hierárquicas devem interagir na realização de uma obra. A existência estreita-se quando a consciência não se focaliza na incomensurabilidade cósmica. Degrada-se por manter-se envolta nas limitações de um universo restrito. O poder dos signos vem ampliar horizontes e aproximar realidades profundas.

* * *

A luz dos signos mais atuantes na órbita da Terra está operando intensamente por meio das vivências oníricas. Tanto revelações quanto o equilíbrio de situações retributivas estão ocorrendo durante o sono. A consciência da humanidade dispõe de ajudas inigualáveis para preparar-se para o serviço e para o cumprimento dos desígnios cósmicos.

* * *

É fundamental a atenção à vida durante o sono. O relacionamento com os níveis psíquicos planetários, comuns durante o desprendimento dos corpos enquanto a consciência física repousa, está sendo reduzido ao mínimo, pois a energia dos signos está estimulando núcleos profundos, intensificando seu poder atrativo, o que permite à consciência penetrar os níveis ardentes[1] com maior rapidez. Com o alinhamento obtido desse modo, os corpos sutis são poupados de vagar nos conturbados níveis intermediários, indo diretamente ao âma-

---

[1] **Níveis ardentes.** Os níveis acima do nível mental são compostos de éter cósmico, que guarda em si ligações profundas com energias ígneas. Pelo potencial energético de que eles dispõem, são denominados níveis ardentes.

go que os alenta, e, em decorrência disso, o sono torna-se uma fonte ainda mais poderosa de vivificação do ser.

* * *

Um período de sono em que a consciência entra diretamente nos níveis ardentes faculta-lhe, ao voltar ao estado de vigília, maior capacidade de sintonização com as fontes internas. A estabilidade vibratória é um requisito para que essa sintonia se estabeleça e perdure. Por isso é básico que não se dê oportunidade à inércia ou à lassidão. A inércia causa uma queda no estado energético do ser, perturbando suas coligações internas. Prontidão em todos os níveis é uma chave que abre portas para o relacionamento com a Hierarquia.

* * *

A ansiedade não deve ser alimentada por uma consciência que caminha para além da vida em âmbitos planetários e que se acerca da vida cósmica. Se a eternidade é a meta e o atributo que lhe serão entregues ao cruzar as fronteiras do fogo interno, que pode justificar sua impaciência?

Luz de Aldebarã

O arquétipo que induz o despertar do ciclo futuro está sendo dinamizado concomitantemente por dois núcleos que se unificam à energia do Logos da Terra: um é a consciência de Samana; o outro, a essência do centro intraterreno Miz Tli Tlan. A partir desses núcleos, o impulso para os passos referentes a cada fase da transição é irradiado aos demais centros planetários, à Hierarquia e seus colaboradores.

* * *

No interior da Terra estão sendo preparadas novas bases para a sabedoria. Os arquivos disponíveis a este planeta estão sendo ampliados pela luz de Samana. Com a eliminação da ignorância, o primitivismo de outras épocas não mais encontra campo para medrar.

* * *

A luz iniciática que imprime num ser o padrão de uma linhagem hierárquica é custodiada por grupos e escolas internas. A Hierarquia Ashtar acompanha sua irradiação sobre a humanidade. Quando um ser-espelho é convocado ao trabalho interno, tem de cruzar a cortina de fogo; se for queimado, não estará pronto para esse serviço. A jornada interior concede-lhe o aprendizado, mas sua tela de contato tem de apresentar a mais exímia perfeição para suportar até mesmo uma fagulha da luz central de um signo.

* * *

O trabalho que o Sol realizou sobre esse planeta formou uma base para que o fogo não definhasse no interior das partículas terrestres, embora o estado de consciência da Hierarquia solar esteja aquém do alcançado pelas Fraternidades que representam os signos atualmente ativos neste sistema solar. Para que a energia dessas Fraternidades se instale e crie prolongamentos e pontes na Terra, é necessário que haja mudança no estado vibratório de toda a vida nela existente. A Hierarquia, as civilizações intraterrenas e de superfície estão passando por ajustes para tornar possível esse cometimento. Há uma relação oculta entre a transmutação do Logos da Terra e a ativação dos signos cósmicos.

* * *

Quando uma consciência que ainda está formando sua ponte com as Fraternidades cósmicas reconhece na luz de Aldebarã um impulso à linhagem de sábios e profetas, o que em realidade está sendo captado é só uma pequena faixa do espectro dessa luz. Para que a Terra possa suportar a incidência da irradiação dos signos, as Fraternidades que os representam criam nesta órbita o que se pode definir como prismas transformadores. São Espelhos que recebem o facho de luz dos signos (o Raio cósmico) e o transformam em faixas de energias bem definidas (os sub-Raios do Raio Cósmico) e com potencial adequado para a capacidade terrestre. Porém, a energia preponderante num sub-Raio de uma dessas Fraternidades difere da emitida pela Fraternidade de Sirius, que foi a única Fraternidade tutelar da Terra até este momento.

* * *

Os Raios Cósmicos podem ser compreendidos como cores que têm como matizes os sub-Raios. Para conhecer a *cor* básica emanada por uma Fraternidade, a consciência já deve ter adquirido um grau profundo de interação com os matizes que a compõem, pois um mesmo matiz pode ser irradiado por mais de uma Fraternidade. Por exemplo, um matiz de verde pode ser encontrado tanto na vibração de uma Fraternidade cuja cor básica seja o verde, quanto em outra cuja cor básica seja o amarelo. Ao falarmos de cores estamos usando uma simbologia adequada, por serem elas ondas de freqüência específica. Todavia, a essência energética irradiada por uma Fraternidade não se encontra em faixas de energia tão densas quanto a das cores, mas emite vibrações ígneas, constituídas de fogo cósmico e imaterial.

* * *

Durante as fases de transcendência da vida terrestre até o ingresso em escolas solares, a consciência conta com o acompanhamento da Hierarquia Ashtar, que a introduz na vida sideral. O centro de polarização dessa Hierarquia encontra-se em níveis extraplanetários, de modo que atua como um núcleo de unificação no trabalho dos grupos internos, seguindo as metas definidas por consciências que vão desde o Logos planetário até os regentes desses grupos.

* * *

Atualmente as leis de diversos planos interceptam-se. Os tempos passam velozmente, e não admitem atrasos — ao contrário, aproximam o destino. O peregrino é um grão de areia que deve deixar-se conduzir pelo sopro dos tempos; se não o fizer, permanecerá na inércia até que o fogo material seja, também ele, transformado.

* * *

A vida terrena é como um grande cesto repleto de objetos, entre os quais contas preciosas espalhadas. À consciência do indivíduo que se abre ao serviço é indicado discernir o que é útil e o que deve ser suprimido. Para isso tem como instrutor a lei da seleção, que tanto absorve como exclui, valendo-se da sabedoria. É preciso superar a medida do bom e descobrir o infinito valor do necessário. A síntese dissolve obstáculos antes mesmo que se plasmem. Portanto, deve-se não só reconhecer a essência, mas principalmente entregar-se à sublimidade de seu âmago.

* * *

Nas praias, as águas se movimentam continuamente, formando ondas. Para se conhecer a calma do oceano é preciso que se vá além de suas margens. A Hierarquia nada força; seu magnetismo está na qualidade que ela emana. Atrai por ser pura manifestação da energia que a vida busca exprimir. A ela são conduzidos os que sintonizam sua própria vibração com o pulsar da essência cósmica. Que palavras poderiam traduzir o que emerge no ser quando ele retorna à Morada?

* * *

A suavidade não se perde quando o poder se implanta. A energia que sustém a vida equilibra firmeza e mansidão. Percebe a necessidade e verte-se, tomando as formas mais adequadas para suprir o propósito oculto da existência. Por isso a Hierarquia tem domínio do uso tanto do poder quanto dos bálsamos curadores. Envolve com sua proteção os que ingressam na senda da luz; mas, sendo onipresente, esparge sua irradiação por todo o planeta. Não há quem, buscando na escuridão uma fagulha que o ilumine, não possa contar com a claridade que provém da Hierarquia.

* * *

Para uma consciência focalizada no eterno não há contendas. Forças oponentes são apenas forças em desarmonia, e o equilíbrio dos universos se encarregará de conduzi-las. Por isso o ser a serviço não reage ao mal; com ele não se envolve, mas vigia.

* * *

As limitações do homem são ilusões geradas por sua identificação com a matéria. *Olha-te num espelho. Verás uma forma. És isso que vês?* O Espelho que revela a essência só é conhecido pelos olhos do espírito. É preciso ir muito além das limitações externas para que se possa estar diante dele.

* * *

É necessário divisar o caminho da luz e dessa senda não se afastar um milímetro. O olhar inexperiente do homem não percebe os abismos a que conduzem as trilhas construídas pelo ego, mas a aspiração vai retirando dele as vendas, e pouco a pouco torna-se capaz de vislumbrar o rumo correto. Quando a consciência se volta para o serviço, toma contato com o fogo. Fortalecida por ígneas emanações, percebe a instabilidade dos éteres materiais. A tensão psíquica do planeta gera rupturas a todo instante. O alinhamento com essa chama cura fendas e estanca aquilo que flui dos veios partidos.

* * *

Que significa "a luz de Aldebarã"?

A tarefa daquele que se põe a serviço é penetrar o vazio sem nada esperar. Se o cinzel almejasse conhecer a obra, não se deixaria usar pelo escultor. Luzes de diversos núcleos cósmicos entretecem-se na órbita terrestre, construindo moldes de dias vindouros. Seu propósito não deve ser conhecido pela mente racional, pois ela não poderia ainda deixar de desvirtuá-lo. No momento, basta que a consciência se disponha a estabelecer sintonia com esses núcleos, pois o trabalho se faz por si.

Novos signos cósmicos

A consagração pela qual a Terra está passando não se restringe ao reino humano. É o ingresso de todo um universo planetário nos caminhos de retorno à morada. A alegria brinda a vida das civilizações internas. O júbilo do encontro transborda de seus canais, e os homens receptivos à luz reconhecem a importância deste momento. Acima da vida mental a harmonia está implantada e, mais além, outras energias sagradas fazem-se presentes. A transcendência não é esquecimento; é superação de um estado, dissolvência dos vínculos com ele, entrega e união a níveis superiores. É a chave que permite à humanidade o contato com os signos.

* * *

A revelação ocorre somente quando uma energia dissipadora consegue esvaecer ilusões. A densidade em que a superfície da Terra se encontra afasta a verdade. Por isso, a essência de Samana ainda não pôde dar-se a conhecer. Porém, embora a inércia intrínseca à matéria densa tenda a distanciá-la da luz, o poder de atração dos vórtices cósmicos supera as forças estagnantes e permite que a evolução prossiga seu curso também nos mundos formais.

* * *

No núcleo dos vórtices cósmicos estão as passagens para a vida imaterial. Um fio une-os ao Imutável; evolução e supra-evolução encontram-se em seu âmago. Os signos cósmicos são por eles criados; são suas expressões.

* * *

A dependência de fatores externos é nociva ao aprofundamento dos contatos com os signos cósmicos. A luz que vem do infinito parte do intocável e ao intocável retorna, levando consigo, porém, as partículas que se deixam impulsionar. Nas cristas das montanhas ou nas profundezas dos vales, a presença da Hierarquia é marcante.

* * *

A vontade da Lei faz surgir no infinito núcleos que, por meio do seu pulsar, geram os vórtices cósmicos. Esses vórtices são, portanto, uma das expressões primevas da vida; na vida têm sua origem, à vida conduzem o que originam. Os fogos são emanações desses vórtices. São sua palavra, seus instrumentos de criação.

* * *

Sem os fogos e sem os Raios, a vida permaneceria circunscrita a si mesma. A evolução é expansão e contração, é harmonia rítmica, dinâmica. É também equilíbrio e perfeição. O impulso transcendente que lhe é próprio manifesta-se em ritmos expansivos e de recolhimento. Seus matizes decorrem da harmonia desses ritmos, dos ciclos por eles determinados e dos desígnios a serem cumpridos.

* * *

Da interação dos fogos com a consciência que subsiste em todo o cosmos surgem os Raios e os signos, e assim o caminho da evolução é traçado nos universos.

* * *

No Espelho maior do planeta projetam-se os signos cósmicos. Constroem seus padrões nos éteres ardentes e induzem o fogo a penetrar a consciência dos homens. Esse fogo, potente, não pode ser contido em níveis inacessíveis. É necessária a sua incursão na matéria. Na consciência de Samana, a projeção dos signos cósmicos funde-se e aglutina-se. A síntese é uma de suas notas e os laços com câmaras centrais são por ele perpetuados. Como um vórtice, nesta etapa, Samana atrai as partículas dos diversos níveis da existência para caminhos imateriais.

* * *

O potencial de atração imanente à vida interna é elevado pela projeção dos signos, cujos representantes penetram a órbita da Terra, estabelecendo nela vínculos com mundos distantes. Com isso, os Espelhos deste planeta têm sua atuação estimulada. O espectro de energias até então acessível alarga-se, englobando vibrações dos níveis cósmicos supramateriais e permitindo que às mônadas se abram os portais do universo imaterial. O Regente-Avatar aproxima sua energia da consciência da mônada, revelando-lhe a insígnia que a ela é concedida.

* * *

O som que caracteriza cada ser é uma das sílabas do *nome* que reverbera na consciência do Regente-Avatar. A insígnia do ser é um dos traços do signo desse Regente. Ao fim da evolução material, esses traços reúnem-se e resplandecem no cosmos como uma luz magnífica.

* * *

Os Avatares são expressões elevadas da energia que compõe a Irmandade Cósmica. Distribuem-se nas Fraternidades e são delas os agentes. A revelação dos signos cósmicos vem desmitificar os caminhos internos. Vem aproximar a verdade e dissipar a ilusão. O amanhã já bate às portas dos homens. Por que esperar? A fonte tem de ser mostrada com clareza aos olhos que ainda não se acostumaram ao fulgor da luz.

* * *

O elevado entrega-se ao sublime; o sublime ascende ao perfeito; o perfeito imerge no Absoluto e a evolução prossegue por vias que palavras humanas não podem descrever. À medida que uma consciência se desenvolve, atingindo os máximos patamares disponíveis à evolução planetária, é-lhe indicado o caminho solar. Quando alcança a perfeição nesse âmbito, os portais das Fraternidades cósmicas lhe são abertos, e pouco a pouco ascende aos vórtices mais internos da Irmandade.

* * *

A integração dos núcleos que constituem as redes de energia das Fraternidades cósmicas é, de modo exato, determinada pela Lei. Também o traçado dos caminhos que os fogos percorrem, unificando essas redes, é precisamente definido e revela importantes conjunturas. A futura astrologia se desenvolverá nessas bases, porém só se mostrará quando os signos cósmicos estiverem mais profundamente impressos na órbita da Terra.

* * *

Como sons de uma escala, a vibração de cada signo ressoa no universo e, juntos, formam a sinfonia do cosmos. Este planeta está tendo suas energias afinadas ao diapasão de alguns desses signos. O mundo material e o mundo imaterial aproximam-se em meio aos sons, e a interação da essência com a consciência e com a forma deixa de ser meta para tornar-se realidade. O impulso de Samana induz a isso.

* * *

Os signos cósmicos revelam-se gradualmente. De um passa-se a três, depois a sete, então a doze e por fim a vinte e um. Os vinte e um signos cósmicos constituem a esfera que simboliza a totalidade. Além dela está o Um, a absoluta e imperecível Fonte da Vida.

* * *

Apesar de a mente do homem terrestre de superfície não haver despertado para os signos que já estão ativos no sistema solar (e também neste planeta), alguns deles já se encontram, nestes tempos, em grau de definição avançado, enquanto outros projetam mais profundamente sua energia nos Espelhos deste sistema, revigorando o trabalho das escolas internas.

* * *

Assim como os diversos caminhos de evolução cósmica pertencem a determinado signo, cada ser tem sua insígnia. Sendo parte de um desses caminhos, a insígnia que lhe cabe, como num holograma, é uma pequena réplica do signo cósmico sob o qual avança.

* * *

Cada facho de luz que parte da Fonte intensifica nos mundos ardentes a vibração de um dos signos cósmicos. A contínua focalização de consciências logóicas atualiza essa vibração. Essas consciências formam a base da vida intergalática, o sustentáculo da existência cósmica. Os Logoi são universos de consciência; abrangem estados incomensuráveis, conduzem os fogos que criam e dissipam os mundos formais.

* * *

As linhagens hierárquicas foram construídas por consciências ígneas que se doaram, de modo que o seu alento servisse de matéria-prima para a criação dos signos. Porém os signos são mais do que linhagens, são a base da evolução da vida cósmica.

* * *

Grandiosos são os destinos que se abrem à Terra com a revelação dos signos. Os Espelhos estão sendo convocados e os mistérios da *palavra* devem ser conhecidos e usados. O som de cada signo há de tornar-se audível, e os Espelhos são seus instrumentos de ressonância. Há, no Templo Maior, um potente núcleo de formação; nele, o Verbo se mostra para instruir. Os tempos pedem avanços consistentes. Nos éteres, os signos já anunciam o encontro.

* * *

A consciência da humanidade está sendo impulsionada por ondas de magnitudes desconhecidas. A reverberação dos signos está dissipando as trevas dos mundos terrestres. Uma obra sagrada está em ato; a própria luz do Sol curva-se à passagem dos raios dos signos celestiais. Para que este planeta possa ingressar em confederações cósmicas, a vida da Irmandade deve estar explícita nos seus níveis de manifestação. A aproximação dos signos celestiais vem realizar a consagração que elevará a Terra ao estado de membro da Irmandade.

* * *

Quando a projeção dos signos se reflete na órbita de um planeta, as consciências que nele evoluem são impulsionadas a encontrar seu próprio meio de estar em contato com a luz. A leveza é uma necessidade para a penetração da luz dos signos; portanto, não se deve densificar os níveis psíquicos da Terra com a geração de padrões meramente humanos. Este é um tempo de silêncio e de autodescoberta. Isso está patente na atuação dos Instrutores, que só se revelam quando o aspirante já dissolveu seus mitos acerca da divindade. A fantasia é nociva à vibração dos signos. A aproximação a eles requer simplicidade e abertura ao vazio.

* * *

A projeção dos signos define os níveis de existência. Sua vibração emite as freqüências que escalonam as diversas energias existentes no cosmos. Sua essência envia a fagulha inicial, e por meio da sua ressonância cria-se o nível de estimulação, solo que recebe a semente, a causa da existência.

* * *

Intensificada pelo ardor da Criação, essa fagulha desdobra-se e gradualmente surgem dela os níveis de conceituação, captação e construção. Assim, o infinito cosmos delineia-se, e os planos de consciência emergem das gradações do fogo. O homem tem como destino colaborar nos processos criativos, porém agindo por intermédio de sua chispa interior, que é isenta de máculas.

* * *

A existência é um campo aberto para o desabrochar das idéias criadoras. A aproximação dos signos cósmicos vem despertar faculdades ocultas na essência da humanidade. À medida que a revelação permeia a consciência, esta descobre os mistérios da percepção interior e consegue distinguir realidade e imaginação. Um Espelho é uma ferramenta da revelação. Por isso devem-se extinguir da mente as características imaginativas e fantasiosas, para que lhe possam ser desvelados os segredos da percepção.

* * *

A percepção superior desencadeia processos criativos. Quando uma consciência contata internamente realidades ardentes, ela cria nos éteres os padrões referentes a essas realidades. A potência e o valor dessa criação estão relacionados ao nível em que as realidades tenham sido percebidas. A visão interna, destituída de fantasias e imaginações humanas, é um dos atributos que os signos cósmicos estão estimulando, e deverá estar ativa na humanidade futura — mas nos dias de hoje alguns indivíduos já estão manifestando esse dom.

* * *

A percepção conta com o fogo interior como agente de manifestação das realidades que se dão a conhecer, enquanto os processos mentais de criação têm disponível o material psíquico do planeta, gerando formas-pensamento que podem tornar-se receptáculo de forças degenerativas. A humanidade está sendo erguida aos mares de fogo cósmico, onde terá suas resistências dissolvidas pelo ardor da sabedoria. Os embates são inevitáveis enquanto ela se mantém aferrada aos níveis concretos.

* * *

A existência humana não se estabelecerá definitivamente nos níveis ardentes; contudo, para que o denso véu de ilusão seja removido dela por completo, por alguns instantes a vibração dos mares de fogo se manifestará na vida terrena, eliminando crostas endurecidas pelo apego à matéria. O princípio da onisciência poderá então aproximar-se dos homens libertos. Um grande empenho está sendo realizado no sentido de facultar aos homens a integração à Hierarquia. É preciso, porém, que se tornem permeáveis à vibração dos signos cósmicos, pois toda a estrutura energética do planeta na etapa vindoura será regulada pela emanação desses signos.

* * *

É preciso também conhecer a vida cósmica, a vida das congregações celestes, e para isso a visão deve desprender-se das formas e unir-se às causas que as determinam. A composição de um sistema solar, de uma galáxia e a disposição dos astros seguem leis internas, que geometrizam a constituição do cosmos para formar as conjunturas necessárias à evolução. O cosmos não conhece estagnação, seu pulsar é ininterrupto e conduz a vida que nele se desenvolve à consumação das metas de cada ciclo. Assim, a conformação dos universos muda, adequando-se aos desígnios da Lei. Na fagulha primeva dos signos encontra-se o arquétipo que delineia esses ajustes.

* * *

A percussão da energia dos signos efetiva os propósitos das confederações intergaláticas. Os membros dessas confederações trazem espelhada a marca que caracteriza o universo que eles representam. Um concílio é o encontro de mananciais cósmicos, para, no silêncio da união, projetar nos éteres os caminhos do futuro. É um mergulho na eternidade, atraindo a ela a vida evanescente. As Fraternidades sustentam a consecução dos desígnios supremos; surgem dos signos e são expressões deles.

* * *

Alguns dos signos cósmicos que se desvelam ao homem são representados pelas Fraternidades de Aldebarã e Andrômeda[1]. Dos signos fazem parte universos infinitos, materiais e imateriais, que abarcam galáxias, sistemas solares, estrelas, planetas e asteróides. Uma Fraternidade é um escalão de manifestação de um signo, como o são as linhagens hierárquicas do cosmos. A realeza é uma qualidade que se encontra nas bases das Fraternidades.

* * *

Nos diversos níveis em que a energia de uma Fraternidade se projeta podem ser percebidas formas simbólicas a ela relacionadas; nenhum elemento material, entretanto, pode englobá-las. Por isso, ao apresentarmos os signos, não os revestimos de formas. A consciência deve ser colocada permanentemente diante do vazio; só assim poderá contatar as revelações do Absoluto. A tarefa de uma Hierarquia de Instrução é conduzir a vida à ascensão; assim, não se pode es-

---

1 Não se refere somente à contraparte física desses núcleos cósmicos.

perar que nesse trabalho sejam consideradas as expectativas mentais dos homens.

* * *

Os signos exprimem a síntese num grau muito mais elevado do que ao homem é possível conceber. Serão necessárias, portanto, uma reordenação e uma ampliação dos parâmetros que foram revelados sobre os Raios para que a consciência do homem possa penetrar a vibração emitida pelos signos. Os signos lidam com os Raios em nível cósmico, enquanto a humanidade até hoje teve seus contatos restritos aos sub-Raios do Segundo Raio Cósmico. A interação com os signos significa, pois, um intensíssimo impulso à síntese.

* * *

Para que a humanidade possa iniciar seu relacionamento com os signos cósmicos, as energias deles estão sendo gradualmente introduzidas na esfera psíquica da Terra. O seu poder de clarificação por si só já é suficiente para pôr em ato a lei de purificação. Mas a purificação deste planeta é uma decorrência e não uma meta. A meta é a abertura para a vida cósmica, e as transformações requeridas serão efetivadas para que a consciência terrestre possa conviver com as Fraternidades estelares.

* * *

A determinação de quais signos devem atuar em um planeta a cada ciclo é transmitida pelo Logos solar, porém parte de instâncias mais elevadas. As iniciações da consciência de um ser vêm desvelar-lhe o signo característico do seu Regente, signo do qual o ser faz parte e que define o caminho cósmico que o aguarda. A iniciação que consagra o Avatar é o marco da absorção da luz do seu signo na luz de um signo maior. A comunicação com a Origem é assim estabelecida, e a fusão de Raios concede chaves criadoras ao Avatar. Na verdade, a Origem encontra-se em um só signo, que permanece inacessível até que o regresso chegue a seu termo.

* * *

A interseção de universos demanda ajustes e reordenação, alargando os limites aos quais os núcleos internos do ser estão circunscritos. Os signos são fontes atrativas de grandeza inestimável, por meio dos quais o ser é conduzido à vida imaterial. Tal realização repercute em todos os seus níveis de existência, principalmente na mônada e no corpo de luz, que recebem os afluxos dessas correntes ascensionais, sendo por eles elevados a estados de pura energia ígnea e colocados em prontidão para o encontro com congregações cósmicas.

* * *

Na essência dos signos está o Imutável; sua luz comunga do Absoluto e por isso nada pretende. O propósito surge da interação dessa luz com a manifestação da vida; a evolução o determina. A inalterabilidade é um aspecto da essência, enquanto a evolução é um atributo da vida manifestada. A luz dos signos auxilia a penetração nos veios ascendentes. Assim, quando cessa a busca da evolução, o Inalterável se revela, pois jamais esteve ausente.

Fogos imateriais

Até hoje, nos dínamos da vida da humanidade de superfície, estiveram presentes principalmente energias psíquicas, fogos materiais. Mas as correntes cósmicas trazidas pelos signos inserem energias espirituais e divinas nesses dínamos. Com tal acréscimo de sutilização e poder, a vida material não poderia permanecer estancada nem arraigada ao estado que há milênios se vem perpetuando.

* * *

Quando uma comunhão verdadeira com a luz é vivida por um ser, a energia com a qual ela toca a consciência impulsiona sempre uma ação, que não se limita aos níveis concretos. Na verdade, suas raízes encontram-se firmadas nos solos invisíveis dos mundos internos. A construção de padrões sutis que correspondam ao arquétipo que a humanidade deve expressar é um exemplo de ação interna, a qual traz grandes contribuições à evolução humana. Todavia, essa construção é inspirada por núcleos divinos, e não criada pela mente.

* * *

O segredo da manifestação de uma realidade superior reside no poder da sintonia e da afirmação. Hoje isso pode ser apresentado com clareza, pois é tão reduzido o número de seres capazes de manterem-se focalizados numa meta sublime, que essa revelação não traz riscos de desvios da energia. O poder da focalização não apenas fornece ao ser as condições para que a meta seja alcançada, como desperta nele um caráter magnético que o transforma em núcleo de atração de consciências e vibrações. O caminho mais breve para se chegar à transcendência é o da unicidade de propósito.

* * *

A jornada interior é exaustiva enquanto o peregrino se limita ao potencial humano de que dispõe. Quando consegue deixar que o elo com a Irmandade se consolide em sua consciência, seu caminhar já não se fundamenta só nos passos que ele por si mesmo é capaz de dar; é como se ele passasse a ser alçado por conjunturas que o vão conduzindo à meta. Porém, de etapa em etapa, ele deve transferir-se de uma conjuntura a outra. Nesses momentos, que transcorrem sob a ação de potentes energias de síntese, o peregrino precisa reunir tudo o que de mais sublime conseguiu despertar em si e trasladar-se ao novo âmbito que o aguarda. Essas fases de mudanças normalmente estão ligadas a alguma ampliação de consciência nos níveis internos, e trazem sempre repercussões importantes à vida material do ser.

* * *

O espírito imperecível pulsa nos níveis internos de todas as chispas viventes, e isso tem de ser considerado. A ele destina-se a doação da Hierarquia, pois nele está a imagem do Absoluto, imagem que emergirá quando os obstáculos forem removidos. O esgotamento das energias que permitem à vida divina manifestar-se é fruto do distanciamento da vontade. A vontade deve ser despertada para o serviço. Algumas vezes um objetivo direto, claramente apresentado, dinamiza de modo potente a vontade adormecida em um ser.

* * *

Nos dias atuais, com a presença na Terra da luz dos signos, há uma intensificação do poder das correntes energéticas que circulam em sua órbita. Por isso, muitos seres estão passando por importantes expansões de consciência. Os signos conduzem a humanidade por vias que mais diretamente a facultarão alcançar as iniciações[1] no ciclo vindouro.

* * *

O fogo cruza os veios cósmicos e vem habitar o centro da vida terrena. Eletrifica os éteres e neles induz formas que serão vivificadas pelo sagrado. A Hierarquia é o regente da obra; é seu prumo e sua base. Ela surge quando a tensão dos éteres pode comportar o toque da vida imaterial. Os ciclos regem o desabrochar de flores divinas, e também na Terra existem algumas dessas flores. A Hierarquia desponta em um universo quando a vida que o constitui descobre a reverência

---

[1] Vide O MISTÉRIO DA CRUZ NA ATUAL TRANSIÇÃO PLANETÁRIA, do mesmo autor, Editora Pensamento.

ao fogo. O fogo abre a essa vida o caminho à consagração. Para além do fogo, essa vida encontrará o *princípio*.

* * *

O fogo age sem pressa. Chispa por chispa é lançada do centro da Criação e percorre-a inteira, esquadrinhando todos os rincões e neles firmando o signo da luz. Os signos celestiais aproximam-se da Terra. Cada um deles traz a essência pulsante de um dos veios cósmicos, de uma Fraternidade cósmica. Juntas, essas Fraternidades constituem a Grande Irmandade.

* * *

Mergulhar no fogo é deixar que a sabedoria dissolva as crostas que tolhem a irradiação do espírito. O aprofundamento dos contatos internos lapida a consciência. O diamante bruto já traz em si seu valor, mas a beleza que possui só desponta quando se lhe retiram as arestas. Um padrão sublime está destinado aos homens. A Hierarquia é a mensageira da hora em que ele se implantará definitivamente. As sementes germinam no silêncio do mundo interior; a nenhum ser a incursão nesse mundo está impedida, mas como o irão enxergar se a ele não dirigem a atenção?

* * *

Os que se integram à Irmandade aprendem a usar os fogos, a conhecer o ardor de suas chamas e o poder de seu brilho. Têm em seus olhos despertada a capacidade de perceber os desenhos que a vida celestial traça no cosmos. Transcendem o espaço e o tempo. Aprendem o mistério velado pelo silêncio.

* * *

No ser que se encontra a serviço, a *palavra* irrompe apenas quando em sua consciência o Verbo firma alicerces. Os níveis do som são assim reconhecidos, e a potencialidade criativa desperta a vivência do silêncio. O trabalho dos Espelhos do Cosmos[2] é baseado nas leis do som, e portanto nas leis do silêncio. Um ser-espelho pode realizar sua tarefa em meio à rotina material, pois essa tarefa desenvolve-se principalmente em planos incólumes às oscilações das forças externas. Uma obra pioneira, porém, requer sempre do ser a abstenção dos padrões vigentes na civilização. O ser-espelho tem sua existência pautada por desígnios internos. Escassa é ainda a obediência a essa lei, mesmo naqueles que conscientemente já reconhecem sua tarefa.

* * *

Existem setores da tarefa de um ser-espelho que dizem respeito à tradução de uma realidade abstrata em energias e vibrações acessíveis aos níveis concretos. É sublime a ordem do mundo interior. Eleva e ajusta o padrão da vida manifestada à Idéia que lhe deu origem. A instalação dessa ordem

---

2 **Espelhos do Cosmos.** Vide página 43, neste livro, e em HISTÓRIA ESCRITA NOS ESPELHOS *(Princípios de Comunicação Cósmica)*, do mesmo autor, Editora Pensamento.

no mundo temporal transforma todo o ambiente onde ela se implanta, e irradia-se a âmbitos muito mais amplos.

* * *

A liberdade é um estado interno, de total absorção do ser na realidade suprema que cada momento traz em si. É uma completa entrega. A Hierarquia dosa adequadamente quanto o ser é capaz de estar sob o *raio da liberdade*, pois uma luz intensa pode causar dano a olhos desacostumados à claridade. Mas é o amor à liberdade que esse ser expressa ao viver para a luz que dissipa o manto da escuridão.

* * *

A fim de atuar como fonte de estímulos evolutivos para a humanidade, o ser não conta com as limitadas possibilidades que possui como homem; o que o transforma nessa fonte são energias supra-humanas. Alguns indivíduos abrem-se a essa transformação pela dedicação a um ideal sublime. Quando se entregam sem reservas ao cumprimento de uma meta que não tenha cunho pessoal, deixam o seu estado humano, comum, e por seu intermédio passam a operar energias que alentam a realização da verdadeira vida. Só alcançando um nível elevado pode-se auxiliar corretamente os que se encontram nos estágios anteriores. Por isso, um ser que não cultive propósitos sublimes é inútil para a redenção da humanidade.

* * *

A sublimidade é fruto da irradiação dos fogos imateriais. Lançou raízes no âmago da existência; portanto, no centro de tudo o que vive tem sua morada. O homem não perecerá enevoado; um facho de luz magnífica rasga o manto da escuridão, é o amor de Samana que vem resgatar a essência da vida e fazer os propósitos internos prevalecerem sobre os movimentos conturbados desta humanidade.

A manifestação vindoura

A Hierarquia Ashtar prepara o ser para iniciações menores, as expansões que ocorrem dentro de um mesmo nível de consciência. Essa Hierarquia encontra-se presente em todos os centros planetários, e está unida aos vários grupos internos. Assim, atua sobre discípulos de diversos Raios. As iniciações maiores, porém, contam com uma hierarquia de Iniciadores, da qual participam hoje representantes de Fraternidades cósmicas.

* * *

Uma iniciação funde em si a necessidade de elevação da energia de um grupo interno e a de ingresso da consciência de um discípulo em níveis mais profundos. Com a penetração da luz dos signos na aura da Terra, há uma ininterrupta potencialização das demais correntes cósmicas nela introduzidas. Assim, todos os seres que a habitam estão passando por um preparo interior acelerado para alcançar estados de consciência mais elevados. Desse modo, não haverá descontinuidade no trabalho da luz dos signos sobre os reinos da Natureza.

* * *

Uma iniciação nos dias de hoje tem um caráter essencialmente grupal, não visa a elevação de um ser individualmente. Os grupos internos podem ser simbolizados por esferas cuja superfície recebe a irradiação de correntes cósmicas. Essa superfície é sustentada por colunas radiais, que representam os iniciados. Se a potência das correntes cósmicas que incidem sobre essa superfície tiver de ser aumentada, serão indispensáveis mais colunas para fortalecer a base. Tal necessidade determina a iniciação de alguns seres, discípulos desse grupo.

* * *

A matéria sem a presença do fogo inteligente tende ao caos; a entropia é fruto da desvirtuação da Lei. Os signos testificam a ordem, conduzem a vida à sintonia e ao alinhamento com as nascentes cósmicas. Do silencioso borbulhar dessas vertentes emergem os impulsos vivificadores do universo. A Hierarquia os acolhe; no interior dos seres os distribui, e assim a existência prossegue ao encontro da verdade.

* * *

A manifestação vindoura é admirável por sua simplicidade; no simples condensa a essência do belo e revela a eternidade. A luz dos signos brilhou em todas as épocas; é intemporal. Todavia, a consciência humana não estava preparada para alcançá-la. O nascimento é apenas a conscientização de um estado, pois a existência ***é***, infinitamente.

* * *

A lei dos ciclos leva o homem à eternidade, pois traz-lhe a compreensão da simultaneidade da vida. Sem que a consciência seja tocada pelo eterno, a manifestação dos ciclos não é por ela completamente apreendida. Só o ilimitado pode libertar o restrito. A Hierarquia proclama a liberdade e estimula os homens a darem asas à transcendência.

* * *

A Hierarquia indica ao homem a necessidade de usar conscientemente a negação. O encontro com a plenitude ocorre na totalidade da afirmação; porém, como a afirmação, a negação tem seu próprio poder. A negação é para ser usada com os fantasmas do passado e com o que emerge dos mundos e submundos materiais. É um facho de energia dissipadora, e, quando as forças de dissipação se apresentam, deve ser aplicada. O indivíduo consciente não se envolve com essas forças, repele-as pela negação. Por isso a negação é um instrumento, e o discípulo deve estar afiado no seu uso. A negação contribui para formar os degraus da escalada. Os pés do discípulo tocam solos construídos a partir da matéria rendida pelo poder da luz. Assim, os signos apontam os meios de elevação.

* * *

A totalidade do ser é considerada pela Hierarquia. O espírito é um núcleo consagrado; é a matéria que tem de ser redimida. Com esse propósito de redenção, a luz de signos celestiais perfura o manto da noite. O sinal para sua aproximação foi dado pelo centro solar em resposta a um clamor emitido pela vida encarcerada na forma. O auxílio já existia e está sendo encontrado.

* * *

A comunhão amplifica o ígneo poder transformador. Com o ingresso de correntes estelares na órbita do planeta, a Hierarquia ascende a níveis antes inatingíveis e leva consigo a essência dos reinos que nele evoluem. Nessa ascensão deixa setas apontadas para o infinito, e aberta a trilha em direção à Fonte. A Hierarquia prossegue, mas não se afasta. Tem sua trajetória cósmica a traçar, mas sua expansão engloba todos os níveis planetários de existência. A Terra deve consolidar um padrão sublime, e reunir suas vibrações para fazer soar uma harmonia unificada. O tom vem de esferas profundas; a Hierarquia mergulha no cosmos para buscá-lo. Nada neste planeta permanece abstraído da elevação da vida universal.

* * *

A permeação de energias cósmicas promove intensos movimentos no planeta. A luz trazida pelos signos integra a vida concreta à unidade imaterial, mas a tensão psíquica tem de ser superada para que a consciência descubra o ajuste exato e preciso que a coloca em contato com o padrão do futuro. A consciência tem de estar voltada para a construção do amanhã. Sem inter-relacionamento com impulsos pioneiros, a inércia impregna-se na substância e a morosidade tolhe o poder criador.

* * *

O fogo é precursor do futuro, por isso o magnetismo, base da manifestação vindoura, é despertado pela aspiração aos caminhos flamejantes. Essa vibração ígnea é processada com habilidade suprema pelo reino vegetal. Unificando correntes de características receptivas, esse reino atrai o fogo e o manifesta acuradamente como harmonia e beleza. O magnetismo vegetal age de modo incisivo nos níveis densos e sutis, e a sabedoria própria desse reino o conduz às interações silenciosas. Outros reinos presentes na face da Terra não se equiparam a este em sua colaboração à realização do propósito planetário.

* * *

O correto relacionamento com o universo exterior é obtido por meio da aproximação ao Absoluto. As iniciações auxiliam o encontro com potencialidades impalpáveis, porém fundamentais para a evolução. Para um ser exprimir a perfeição, esta deve estar revelada à sua consciência. Cada ato, cada segundo vivido a serviço do aperfeiçoamento da vida ajuda a implantar na Terra a energia de mundos libertos.

* * *

Sem o amor estar movendo o coração do discípulo, suas obras são destituídas de poder magnético. Quando a Hierarquia estimula o despertar do magnetismo de um ser, em verdade ela está promovendo o aprofundamento de seu amor pela Fonte. A ampliação do amor integra e também liberta, pois a ascensão vai requisitando ausência de vínculos. Um discípulo que tenha muitos senhores a servir não cruza os portais mais internos que levam à vida divina. O amor torna a dedicação do discípulo unificada.

* * *

A irradiação iniciática que os signos trazem induz a seleção de energias e de metas. A síntese deve firmar bases na consciência terrestre para que os muitos propósitos possam dar lugar ao Propósito, e a existência planetária possa unificar-se à existência cósmica. O cosmos aguarda a Terra, pronto para partir. Esse pequeno passageiro não pode mais atrasar-se.

* * *

A vida interior envia ao mundo um chamado que é como um pássaro de fogo. Sua extraordinária beleza causa impacto à consciência. Seu canto é silencioso e penetrante. Seu vôo incendeia os éteres. Porém, só um coração ardente pode atraí-lo, pois o ardor da aspiração é o que lhe abre as portas.

* * *

Quando a pressão da verdade se aproxima de uma consciência, os conceitos absorvidos por vias externas começam a ruir. A construção de um vínculo com a Hierarquia deve contar com aquilo que o ser aprende internamente no contato consciente com o que lhe é dado viver. A existência cósmica é um estado plenamente desperto, mas nela não há movimento algum dissociado da Lei; o ser permanece vigilante: cada impulso que toca sua aura é imediatamente percebido e desencadeia uma resposta natural e espontânea.

* * *

A têmpera qualifica o discípulo. Um grau de consistência exato é necessário para que as energias cósmicas possam interagir com a sua consciência. Assim, primeiro, a abstenção de todo querer; depois, a disposição incondicional a servir; e, então, a abertura a uma percepção onisciente — que promove ampliações cada vez maiores, prenunciando a onipresença. A onipotência, entretanto, é um estado ainda mais profundo. Os graus demarcados pela onisciência, onipresença e onipotência estão ligados a iniciações supracausais hoje intensamente ativadas pelos signos cósmicos.

* * *

A dinâmica da penetração das energias dos signos na órbita da Terra está ajustando o tempo, colocando-o de acordo com a vibração de níveis cósmicos. Sendo ele uma percepção de planos mentais, isso denota que também a mente do reino humano deste planeta está passando por curas e transformações. Para que a lei dos ciclos possa ser instaurada, o relacionamento dos homens com a evolução deve ser amadurecido e sua percepção aproximar-se da eternidade.

* * *

A revelação do propósito cósmico da existência da Terra regulará o que hoje os homens conhecem como tempo. Não mais uma sucessão de fatos materiais marcará o correr das épocas, mas sim o cumprimento das etapas previstas para cada ciclo.

Uma síntese

Quando a Hierarquia se ocupa da instrução da humanidade, ela não está voltada para a condição humana dos indivíduos. Nenhum trabalho realizado por uma consciência cósmica visa algo que não seja exprimir a Lei. Um ser da Hierarquia é uma chama de amor à Lei; vive, move-se e tem o seu ser no âmago d'Aquilo que determina as leis evolutivas. Sua expressão sempre está imbuída de entrega e doação plenas, de completa integração ao que está sendo realizado a cada instante, porém ao atuar não tem como meta principal o nível ao qual se dirige, mas o cumprimento da Lei. Só um vínculo firme e constante com a Lei pode permitir manifestações superiores às até então ocorridas.

A Hierarquia de Anu Tea é um canal de sabedoria, e, para que possa atuar como tal, não permanece circunscrita aos avanços obtidos. Entrega-se cada vez mais intensamente à luz; assim, em luz pode transformar-se e dissipar os conflitos do planeta. Indica a necessidade de que se divinize a vida do homem, porém adverte que nada seja feito pela matéria em si, mas pela luz que nela habita. A divinização da vida é conseqüência de uma ação supranatural, do toque da transcendência rompendo as cadeias que prendem a vida planetária a níveis primitivos.

Uma realização que não esteja firmada em patamares divinos inevitavelmente se transforma em laços que limitam o vôo da consciência. A absoluta liberdade para se estar a serviço da Lei é construída pela sintonia com a energia divina. O fugaz tem de dar lugar ao real. O deleite, à serenidade; a arrogância, à humildade; as lutas, à paz de todos os que amam a luz e se deixam amar por ela. Por isso, hoje, mais que nunca, a Hierarquia inspira permanentemente a consciência dos homens à focalização em níveis divinos.

Só uma conjuntura cósmica potente pode assegurar a elevação de um planeta que se encontre no estado da Terra. Os homens têm um papel nessa elevação. A cada um está reservada uma tarefa que, se assumida, trará mais harmonia a esta transição global e fortalecerá o elo com o padrão energético da nova Terra.

Não haverá um marco dando início à nova Terra. Ela já existe. Em alguns raríssimos locais do planeta o ritmo de sua pulsação já se faz perceptível no viver de seres doados à luz. Não se pode esperar que essa nova etapa da existência planetária se instale para, só então, dela participar. Compartilhar da nova Terra significa construí-la nos diversos níveis de consciência. Se o chamado já despertou o ser, a clareza de que não deve prosseguir pactuando com os desvios desta humanidade deve ser assumida. A divinização da vida decorre também dessa abertura à transformação.

O impulso evolutivo vem sempre acompanhado de uma energia de atualização dos valores, dos critérios, dos objetivos e das metas de um ser. Aos poucos, porém inevitavelmente, a consciência é conduzida a deixar os projetos de realização pessoal e a lançar-se à descoberta do que realmente pode levá-la à plenificação como ente cósmico.

Enquanto a busca de satisfações alimenta o egoísmo, a busca do contato com a essência interior alarga os limites da consciência, coloca-a diante da necessidade de transcender seus aspectos humanos e deturpados. Indica-lhe também a Lei e estimula-a a transformar-se em sua viva expressão. A realização cósmica é o caminho da dissolução do ego e da libertação do ser. É serviço, amor e vontade em nome da perpetuação da luz.

Por amor à luz, a vida divina apresenta-se ao homem.
O amor à luz lhe permitirá encontrá-la.

SEGREDOS DESVELADOS

(Iberah e Anu Tea)

Trigueirinho

O estudo sobre a humanidade do passado, sua história, seu relacionamento com energias sutis, suas escolhas e sua queda, bem como as conseqüências do caminho da procriação sexuada por ela seguido, sempre suscitou interesse, já que nesse percurso encontram-se chaves para as etapas futuras do homem. Colhidas dos arquivos existentes nos níveis suprafísicos, novas revelações acerca desses mistérios são aqui apresentadas.

Neste livro também é abordado o trabalho de Centros planetários espirituais, núcleos de energias aos quais estão coligadas as civilizações intraterrenas. Tais Centros custodiam o contato do ser humano com verdades eternas e oferecem condições para que a Terra, em sua evolução, encaminhe-se ao seu destino cósmico.

A atuação de sete desses Centros é de fundamental importância nos nossos dias: por intermédio deles é irradiada a energia que ativa as transformações que irão possibilitar a manifestação de uma nova Terra. Ademais, propiciam ao ser as Iniciações que lhe permitem superar limites humanos e terrestres e fundir-se em realidades sutis e imateriais. O processo iniciático, conforme está em vigor nesta época de transição, é aqui tratado de modo claro, em oferta aos que se dispõem a trilhar esses sagrados caminhos da vida interior.

EDITORA PENSAMENTO

PASSOS ATUAIS

Trigueirinho

A pressão do psiquismo coletivo terrestre não mais pode ser suportada por muitas pessoas, que acabam por apresentar desequilíbrios nos níveis da personalidade: cada corda tem a sua tensão máxima. Muitos têm ainda o que doar de si até os momentos finais da transição planetária; outros já estão atingindo os próprios limites; e alguns, pela Graça, estão sendo ajudados a transcender a si mesmos.

É como se a Terra estivesse "segura por um fio". Enquanto os homens caminham sobre um solo aparentemente estável, línguas de fogo correm sobre ele. Hoje é imprescindível existir uma disponibilidade ao serviço; e para isso basta que o silêncio e a oração tenham lugar na consciência do ser.

Este livro contém indicações para estas últimas horas deste conturbado ciclo.

EDITORA PENSAMENTO

PAZ INTERNA EM TEMPOS CRÍTICOS

Trigueirinho

Um livro precioso, dádiva dos mundos suprafísicos.

O fraco teme a morte. O forte a enfrenta. O sábio a transcende.

Por que chorais a perda daquilo que, em realidade, vos prendia?

Estai preparados, pois não sabeis quando nem como sereis chamados a partir.

Em vida morrer para o que passou, em vida nascer no que está por vir: eis um mistério da existência, eis um segredo da paz.

Se estais satisfeitos com o que já conseguistes, cuidado: as forças dissuasivas estão a vos iludir.

O Instrutor vos avisou. O Instrutor não impõe. O Instrutor aguarda-vos em silêncio.

EDITORA PENSAMENTO

AOS QUE DESPERTAM

Triqueirinho

Para o contato com as energias superiores, deduções com base na compreensão mental são vãs. As leis que regem as grandes expansões de consciência e o preparo para elas não são mentais. Todavia, o número daqueles a quem está sendo dado esse preparo interno tem-se tornado cada vez maior, e este livro é um precioso guia para os que buscam tal crescimento.

Como o conhecimento e a tecnologia conquistados pela humanidade não estão sendo usados para a elevação do seu potencial, mas com fins de dominação, a lei do silêncio é para ser aplicada estritamente a todas as atividades evolutivas autênticas.

Especialmente nestes tempos, cada indivíduo deve manifestar o que tiver adquirido nos níveis internos com discernimento.

Editora Pensamento

A Voz de Amhaj

Trigueirinho

"Não há governos nem governantes. O caos reina. Este é o palco da superfície da vida. Tínhamos avisado que assim iria ocorrer. Mas existem outras realidades. Alguns as conhecem."

* * *

"Não há instante a perder. Os bons homens ouvem o Chamado, acham-no bonito, emocionam-se, e reúnem os amigos para comentá-lo. Dão maior importância aos encontros sociais que à salvação de um planeta prestes a explodir. Mas a fortaleza do Meu escudo será conhecida pelos que ao Alto aspiram. O poder do Meu Raio será desvelado aos que persistem. O fulgor do Meu fogo resplandecerá nos que para ele se voltam."

Amhaj

EDITORA PENSAMENTO